O AMOR
NOS CONTOS
DE FADAS

Dados Internacionais de Catalogação na Publicação (CIP)
(Câmara Brasileira do Livro, SP, Brasil)

Kast, Verena, 1943-
  O amor nos contos de fadas : o anseio pelo outro / Verena Kast ; tradução de Márcia Neumann. – 2. ed. – Petrópolis, RJ : Vozes, 2023.

  Título original alemão: Sehnsucht nach dem anderen : Liebe im Märchen
  Bibliografia
  ISBN 978-85-326-6514-0

  1. Amor 2. Contos de fadas – Aspectos psicológicos 3. Contos de fadas – Crítica e interpretação 4. Psicanálise e contos de fadas 5. Psicologia junguiana 6. Simbiose afetiva 7. Simbiose (Psicologia) I. Título. II. Série.

11-00201   CDD-150.1954

Índices para catálogo sistemático:
  1. Amor nos contos de fadas : Psicologia
     analítica junguiana   150.1954

VERENA KAST

O AMOR NOS CONTOS DE FADAS

O anseio pelo outro

Tradução de Márcia Neumann

EDITORA VOZES

Petrópolis

© 2009, Patmos Verlag GmbH & Co. KG
Düsseldorf.

Tradução do original em alemão intitulado
Sehnsucht nach dem anderen – Liebe im Märchen

Direitos de publicação em língua portuguesa:
2011, Editora Vozes Ltda.
Rua Frei Luís, 100
25689-900 Petrópolis, RJ
www.vozes.com.br
Brasil

O texto Jorinda e Jorindo é parte integrante da obra *A ansiedade e formas de lidar com ela nos contos de fada*, de autoria de Verena Kast, publicada no Brasil pela Paulus Editora ©2006, e gentilmente cedido para constar nesta edição.

Todos os direitos reservados. Nenhuma parte desta obra poderá ser reproduzida ou transmitida por qualquer forma e/ou quaisquer meios (eletrônico ou mecânico, incluindo fotocópia e gravação) ou arquivada em qualquer sistema ou banco de dados sem permissão escrita da editora.

CONSELHO EDITORIAL

Diretor
Volney J. Berkenbrock

Editores
Aline dos Santos Carneiro
Edrian Josué Pasini
Marilac Loraine Oleniki
Welder Lancieri Marchini

Conselheiros
Elói Dionísio Piva
Francisco Morás
Gilberto Gonçalves Garcia
Ludovico Garmus
Teobaldo Heidemann

Secretário executivo
Leonardo A.R.T. dos Santos

Diagramação: Sheilandre Desenv. Gráfico
Revisão gráfica: Alessandra Karl
Capa: Rafael Bersi

ISBN 978-85-326-6514-0 (Brasil)
ISBN 978-3-491-42131-8 (Alemanha)

Este livro foi composto e impresso pela Editora Vozes Ltda.

Sumário

Prefácio, 7

1 Dispor-se ao amor, 11
   João de Ferro: o desenvolvimento da capacidade de se relacionar, 11
   Jorinda e Jorindo: um caminho de saída de um relacionamento simbiótico para um relacionamento verdadeiro, 48

2 Encontrar o outro, 61
   O Cavaleiro Verde: o anseio pelo outro, 61
   O Peregrino: a procura pela parceira, 83

3 Crescer um no outro, 115
   O forno de ferro: homem e mulher libertam um ao outro, 115
   A cotoviazinha cantante e saltitante: um caminho para o relacionamento verdadeiro, 148

Referências, 181

Prefácio

Os contos de fadas nos conduzem a histórias e, através delas, a um mundo que há tempos vivenciamos como passado. Mesmo assim, esses contos continuam a nos prender. Nós queremos incondicionalmente descobrir como eles acabam – muito embora, na verdade, já conheçamos o final há muito tempo. Os contos de fadas tocam nosso sentimento. Quando ouvimos um conto e nos deixamos envolver por suas imagens, em nossa própria mente são despertadas imagens em ressonância com essas imagens do conto. Nossas imagens podem ser muito diferentes, modernas. Porém, essas imagens são estimuladas pelos contos e, em consequência disso, sentimo-nos mobilizados.

Na reflexão sobre o conto de fada pensamos na vida e em nós mesmos, dentro do contexto das necessidades primárias do ser humano, da maneira que essas necessidades são expressas nos contos, mas também no sofrimento que, em algum momento, sempre atinge o homem. É assim que, por exemplo, em *João e Maria* trata-se da sobrevivência pura e simples, ou de como os lados menosprezados, que são expressos em *O ganso dourado*[1], mesmo assim são levados em consideração e até mesmo possibilitam a ascensão social.

Nos contos de fadas nós podemos encontrar representados não apenas temas importantes da vida humana, como também desejos inconscientes e, ainda, inspiração sobre os passos de desenvolvimento que poderiam ser necessários para a realização desses temas da vida. Porque o conto nos diz que sempre existem caminhos de desenvolvimento, que precisam ser percorridos, para que a necessidade seja transferida, para que o tema oculto da vida possa ser mais ou menos realizado. Porém, essas indicações são formuladas na linguagem do conto, e não em uma clara linguagem aconselhadora; no entanto, é exatamente isto que estimula nossa fantasia e faz com que nós encontremos a nós mesmos nessa reflexão e que nosso mundo interior possa se expressar.

Os contos que estão reunidos neste livro tratam da libertação mútua de duas pessoas. Nós podemos identificar também em outras coletâneas de contos, que esse encontrar um companheiro ou uma companheira, que são ambos modelados por suas famílias de origem, é um assunto muito importante. Muitos contos de fadas tratam dessa questão e relatam soluções para ela.

---

1. Der Eisenhans. In Brüder Grimm (orgs.) (1997). *Kinder- und Hausmärchen* (pp. 635-643).

O ser humano anseia por outra pessoa, por uma união. No entanto, não é nada fácil encontrar um relacionamento confiável. Na maioria das vezes uma ou outra pessoa está "encantada" ou "enfeitiçada", mas também com frequência até mesmo ambas. De um ponto de vista psicológico, as crianças se ligam aos seus pais – a partir do nascimento, ou talvez até mesmo antes –, e, se tudo corre bem, elas vivenciam segurança e confiança nessa relação primária. Mas, algumas vezes, as coisas não correm tão bem. Essas experiências que vivenciamos quando crianças também imprimem nuances sobre as relações posteriores com as amigas e os amigos, com as companheiras e os companheiros. Nós todos nos libertamos desses relacionamentos iniciais e nos voltamos para outras pessoas. O que nos contos de fadas é representado como "encantado" significa então, na linguagem da psicologia, que nós estamos presos a um complicado complexo de pai ou de mãe. Existem muitas razões para isto.

Os contos de fadas, que estão coletados neste livro, falam do anseio por outra pessoa e das dificuldades encontradas no caminho de um relacionamento seguro, mas também relatam como sairmos desse estado de "encantamento" ou de "enfeitiçamento".

***

Meus agradecimentos a Christiane Neuen da Editora Patmos pela ideia de republicar minhas interpretações de contos nesta elaboração nova e a Stefanie Heim pela revisão cuidadosa.

Verena Kast

junho de 2009.

1
Dispor-se ao amor

João de Ferro: o desenvolvimento da capacidade de se relacionar

Era uma vez um rei que possuía uma grande floresta junto a seu castelo; nela habitavam todas as espécies de animais selvagens. Um dia o rei enviou um caçador à floresta; ele deveria abater uma corça, mas o caçador não voltou. "Talvez tenha lhe ocorrido um infortúnio", disse o rei e, no dia seguinte, mandou à floresta dois outros caçadores, que deveriam procurar por ele, mas estes também não regressaram. Então, no terceiro dia, ele chamou todos os seus caçadores e disse: "Vasculhem a floresta inteira e não desistam, até que tenham encontrado todos os três". Porém, nenhum deles também voltou para casa, e da matilha de cães que eles levaram consigo, nenhum cão jamais foi visto outra vez. A partir daí ninguém mais quis se atrever a entrar na floresta que permaneceu em profunda tranquilidade e solidão e apenas de vez em quando via-se uma águia ou um falcão voar sobre ela. E assim permaneceu durante muitos anos, até que um caçador de outras terras apresentou-se ao rei; ele procurava por suprimentos e se ofereceu para ir à perigosa floresta. Mas o rei não queria lhe dar seu consentimento e disse: "Lá não é seguro, eu temo que não tenhas melhor sorte do que os outros e que nunca mais saias de lá". O caçador respondeu: "Senhor, eu vou me atrever por minha própria conta e risco, eu não sei o que é temor".

E assim o caçador se dirigiu para a floresta com seu cachorro. Não demorou muito para que o cachorro encontrasse o rastro de um animal selvagem e quisesse ir ao seu encalço. Porém, o cão mal havia corrido uns poucos metros quando se viu diante de um poço profundo que o impedia de prosseguir. Então, um braço nu se esticou para fora da água, agarrou-o e puxou-o para dentro. Quando o caçador viu isto, voltou ao castelo e chamou três homens, que deveriam vir com baldes e retirar toda a água do lago. Quando eles puderam ver o fundo, viram que lá havia um homem selvagem, que tinha o corpo marrom como o ferro enferrujado e cujos cabelos caíam-lhe sobre o rosto até os joelhos. Eles o amarraram com cordas e o levaram para o castelo. Lá houve um grande assombro diante do homem selvagem, mas o rei o colocou em uma jaula de ferro em seu pátio e proibiu, sob pena de morte, que as portas da jaula fossem abertas, e a própria rainha teve de guardar a chave. A partir daí todos puderam entrar na floresta em segurança.

O rei tinha um filho de oito anos que brincava no pátio quando sua bola dourada caiu dentro da jaula. O menino correu até lá e falou: "Joga minha bola para fora".

"Não antes", respondeu o homem, "que tenhas aberto as portas de minha jaula". "Não", disse o menino, "isto eu não faço, o rei proibiu", e se afastou. No dia seguinte ele voltou e exigiu sua bola. O homem selvagem disse: "Abra minhas portas", mas o menino não quis. No terceiro dia, o rei havia partido para a caçada, o menino voltou mais uma vez e disse: "Mesmo que eu quisesse, eu não poderia abrir as portas, eu não tenho a chave". Então o homem selvagem falou: "A chave está debaixo do travesseiro de tua mãe; lá a encontrarás". O menino, que queria ter novamente sua bola, lançou ao vento todas as dúvidas e trouxe a chave. As portas se abriram com dificuldade e o menino prendeu o dedo. Quando as portas se abriram, o homem selvagem saiu, deu-lhe a bola dourada e se apressou a ir embora. O menino sentiu medo, gritou e o chamou: "Ai, homem selvagem, não vai embora, senão eu vou levar uma surra". O homem selvagem voltou, levantou o menino, sentou-o sobre sua nuca e dirigiu-se à floresta com passos rápidos. Quando o rei voltou para casa, ele percebeu a jaula vazia e perguntou à rainha como isto acontecera. Ela não sabia de nada, procurou a chave, mas não a encontrou. Ela chamou o menino, mas ninguém respondeu. O rei mandou homens que deveriam procurá-lo no campo, mas eles não o encontraram. Então ele pôde adivinhar, com facilidade, o que havia acontecido, e uma tristeza enorme tomou conta da corte real.

Assim que o homem selvagem alcançou as profundezas do bosque ele tirou o garoto de suas costas e lhe disse: "Tu não verás mais pai nem mãe, mas eu quero que fiques comigo, pois tu me libertaste e eu sinto compaixão por ti. Se tu fizeres tudo aquilo que eu disser, ficarás bem. Eu tenho tesouros e ouro bastante e ainda mais do que qualquer outro alguém no mundo". Ele fez para o garoto uma cama de musgos, sobre a qual ele adormeceu e, na manhã seguinte, o homem o conduziu a uma fonte e falou: "Veja, a fonte dourada é límpida e translúcida como um cristal. Tu deves sentar ao lado dela e prestar atenção para que nada caia dentro dela, senão ela estará deteriorada. Eu virei toda noite para ver se seguiste minha ordem". O menino sentou-se à beira da fonte, viu como algumas vezes um peixe dourado surgia, ou outras vezes uma serpente dourada se mostrava lá dentro, e prestava atenção para que nada caísse dentro dela. Enquanto ele estava lá sentado, seu dedo de repente começou a doer tanto, que ele sem querer o enfiou na água. Ele o retirou bem depressa, mas viu que o dedo estava totalmente dourado. Com grande esforço ele tentou limpar o ouro, mas tudo foi em vão. À noite, João de Ferro voltou, olhou para o garoto e disse: "O que aconteceu à fonte?" "Nada, nada", respondeu ele, com o dedo escondido atrás de suas costas, para que o homem não o visse. Porém, o homem falou: "Tu mergulhaste o dedo na água, desta vez eu vou deixar passar, mas toma cuidado, para que não deixes alguma coisa cair lá dentro mais uma vez". Bem cedo, na manhã seguinte, ele já estava sentado junto à fonte e a protegia. Seu dedo voltou a doer e ele o passou nos cabelos, então um fio de cabelo se desprendeu e caiu na fonte. Ele o retirou bem depressa, mas ele já estava completamente dourado. João de Ferro chegou e já sabia o que havia acontecido. "Tu deixaste cair um fio de cabelo na fonte", ele disse, "eu vou ser tolerante contigo mais uma vez, mas se isto acontecer uma terceira vez, a fonte estará depreciada e tu não poderás mais ficar comigo". No terceiro dia, o menino sentou-se à beira da fonte e não mexeu seu dedo, mesmo que este ainda estivesse doendo muito. Mas para ele o tempo parecia não passar e ele observou seu rosto refletido no espelho da água. E quando ao fazer isto se inclinou cada vez mais, para poder ver bem seus olhos, seus longos cabelos caíram de seus ombros e mergulharam na água. Ele se levantou rapidamente, mas toda a sua cabeleira já estava dourada e brilhava como um sol. Vocês podem imaginar como o pobre garoto se apavorou. Ele pegou seu lenço e o amarrou em volta da cabeça, para que o homem não visse. Mas, quando João de Ferro chegou, ele já sabia de tudo e disse: "Desamarra o lenço". Então os cabelos dourados se esparramaram livres e o menino tentou desculpar-se de todas as maneiras, mas nada o ajudou. "Tu não passaste na prova e não podes mais ficar aqui. Sai pelo mundo, lá descobrirás o que a pobreza faz. Mas como tu não possuis um mau coração, e eu quero o teu bem, vou conceder-te algo: quando estiveres em dificuldades, vai até a floresta e chama por 'João de Ferro', então eu virei para te socorrer. Meu poder é grande, maior do que pensas, e eu possuo ouro e prata em abundância".

Então o filho do rei deixou a floresta e percorreu sempre adiante por caminhos transitáveis e intransitáveis, até que por fim chegou a uma cidade grande. Lá ele procurou por trabalho, mas não conseguiu encontrar nenhum e também não havia aprendido nada que lhe pudesse ajudar. Finalmente ele foi até o castelo e perguntou se eles queriam ficar com ele. Os cortesãos não sabiam para que poderiam precisar dele, porém eles simpatizaram com ele e o deixaram ficar. Por fim o cozinheiro tomou-o a seus serviços e disse que ele poderia carregar água e lenha e varrer as cinzas. Uma vez, quando o cozinheiro estava sem ninguém que pudesse ajudá-lo, ele o deixou levar a comida à mesa real, mas como ele não queria deixar que ninguém visse seus cabelos dourados, não tirou seu chapeuzinho da cabeça. O rei jamais havia vivenciado situação assim e falou: "Se tu vens à mesa real, tens de tirar teu chapéu". "Ai, Senhor", respondeu ele, "eu não posso, eu tenho sarna na cabeça". Então o rei mandou chamar o cozinheiro, olhou para ele e perguntou como é que ele pôde dar trabalho a um garoto assim; ele deveria mandá-lo imediatamente embora. Contudo, o cozinheiro apiedou-se dele e o trocou pelo ajudante do jardineiro.

Agora o jovem tinha de trabalhar no jardim, plantar e regar, capinar e escavar e suportar sobre si o vento e o tempo ruim. Uma vez no verão, quando ele trabalhava sozinho no jardim, o dia estava tão quente, que ele tirou seu chapéu para que o ar o refrescasse. O brilho do sol sobre o seu cabelo fez com que este cintilasse e faiscasse tanto, que os raios penetraram o quarto da filha do rei e esta se levantou, para ver o que seria aquilo. Então ela viu o jovem e o chamou: "Rapaz, traga-me um buquê de flores". Ele recolocou seu chapéu com grande rapidez, colheu flores silvestres e amarrou-as. Quando ele subia as escadas, encontrou o jardineiro que lhe disse: "Como podes levar um ramalhete de flores ruins para a filha do rei? Depressa, pega outras flores e escolhe as mais belas e raras". "Oh não, as silvestres têm um aroma mais forte e lhe agradarão mais". Quando ele chegou ao quarto, a filha do rei falou: "Tira teu chapéu, não é de bom-tom que o mantenhas na minha presença". Ele respondeu de novo: "Eu não posso, eu tenho uma cabeça sarnenta". Mas ela agarrou o chapéu e o tirou, então seus cabelos dourados rolaram sobre seus ombros, com admirável esplendor. Ele quis ir embora, mas ela segurou seu braço e lhe deu uma mão cheia de ducados. Ele se foi com os ducados, mas não deu valor ao ouro. Em vez disso, levou os ducados para o jardineiro e lhe disse: "São um presente para teus filhos, eles podem brincar com isto". No outro dia, a filha do rei o chamou mais uma vez, e ordenou-lhe que lhe trouxesse um ramalhete de flores do campo. Quando ele entrou com as flores, ela logo tentou tirar seu chapéu, mas ele o segurou firme com as duas mãos. Ela lhe deu mais uma vez uma mão cheia de ducados, mas ele não queria ficar com eles e os deu para o jardineiro, como brinquedo para seus filhos. O terceiro dia não foi diferente: ela não pôde retirar seu chapéu e ele não queria o seu ouro.

Não muito tempo depois, o país foi tomado pela guerra. O rei reuniu seu povo e não sabia se poderia resistir ao inimigo, que era mais poderoso e possuía um grande exército. Então o ajudante de jardineiro disse: "Eu já estou crescido e quero lutar na guerra, dê-me apenas um cavalo". Os outros riram e falaram: "Depois que tivermos partido, procura um cavalo, nós te deixaremos um cavalo no estábulo". Depois que eles partiram, ele foi até o estábulo e pegou o cavalo que haviam deixado; o cavalo era coxo e mancava toc, toc, toc, toc. Mesmo assim ele o montou e cavalgou na direção da floresta escura. Ao chegar à beira da floresta, ele chamou três vezes "João de Ferro", tão alto, que ecoou através das árvores. Logo depois o homem selvagem apareceu e disse: "O que queres?" "Eu quero um cavalo forte, pois eu quero ir para a guerra". "Terás isto e ainda mais do que pedes". Então o homem selvagem voltou para a floresta, e, sem que houvesse passado muito tempo, surgiu do interior da floresta um estribeiro conduzindo um cavalo, que bufava pelas narinas e mal podia ser contido. E atrás dele seguia um grupo grande de guerreiros, com armaduras de ferro, e suas espadas faiscavam ao sol. O jovem entregou ao estribeiro seu cavalo de três pernas, montou no outro e cavalgou à frente da tropa. Quando ele se aproximou do campo de batalha, uma grande parte da tropa do rei já havia morrido ou sido ferida, e não faltava muito para que o resto batesse em retirada. Então o jovem atacou com toda a sua tropa de ferro, precipitou-se como uma tempestade sobre o inimigo e abateu a todos que resistiram a ele. Eles tentaram fugir, *mas o rapaz os perseguiu e não desistiu até que não restasse mais nenhum homem. Porém, em vez de voltar para o rei, ele conduziu sua tropa através de um desvio de volta à floresta e chamou João de Ferro. "O que queres?", perguntou o homem selvagem. "Toma teu cavalo e tua tropa de volta e me devolva meu cavalo de três pernas". Tudo aconteceu como ele queria e ele cavalgou para casa sobre seu cavalo de três pernas. Quando o rei voltou ao palácio, sua filha foi ao seu encontro e o felicitou pela sua vitória. "Não fui eu que consegui a vitória", ele disse, "mas sim um cavaleiro desconhecido, que veio ao meu auxílio com sua tropa". A filha quis saber quem seria o cavaleiro forasteiro, mas o rei não sabia quem ele era, e disse: "Ele perseguiu os inimigos, e eu não o vi de novo". Ela perguntou ao jardineiro sobre seu jovem ajudante; mas este apenas sorriu e disse: "Ele chegou ainda há pouco sobre seu cavalo de três pernas e os outros zombaram dele e gritaram: "Aí está mais uma vez o nosso toc, toc, toc". E eles também perguntaram: "Neste meio-tempo, detrás de que moita tu deitaste e dormiste?" Mas ele falou: "Eu fiz o melhor, e sem mim a coisa teria ido mal". E então eles zombaram dele ainda mais.*

O rei disse a sua filha: "Eu quero anunciar uma grande festa, que deve durar três dias e tu deverás jogar uma maçã dourada. Talvez o desconhecido venha até aqui". Quando a festa foi anunciada, o rapaz foi até a floresta e gritou pelo João de Ferro. "O que queres?" "Que seja eu a pegar a maçã dourada da filha do rei". "Está feito, é como se já a tivesses", disse João de Ferro. "Tu deves usar uma armadura vermelha e cavalgar sobre um orgulhoso alazão". Quando chegou o dia da festa, o jovem vestiu a armadura, colocou-se entre os cavaleiros e não foi reconhecido por ninguém. A filha do rei se aproximou e jogou uma maçã dourada aos cavaleiros, mas nenhum outro além dele a pegou; mas assim que ele a pegou, em vez de permanecer na festa, ele fugiu em disparada. No segundo dia, João de Ferro lhe deu uma armadura branca e um cavalo branco. Mais uma vez ele foi o único a pegar a maçã, mas assim que ele a pegou, mais uma vez fugiu depressa. O rei ficou zangado e falou: "Isto não é permitido; ele precisa se apresentar diante de mim e me dizer seu nome". Então ele ordenou que quando o cavaleiro que pegasse a maçã fugisse outra vez, ele deveria ser seguido e, se ele não voltasse de bom grado, deveria ser atacado. No terceiro dia, ele recebeu de João de Ferro uma armadura preta e um cavalo negro e de novo também pegou a maçã. Quando ele bateu em retirada com ela, os homens do rei o perseguiram e um deles chegou tão perto, que o feriu na perna com a ponta da espada. No entanto, ele conseguiu escapar deles. Contudo, seu cavalo deu um salto tão grande, que o elmo caiu de sua cabeça, e seus perseguidores puderam ver que ele tinha cabelos dourados. Os homens cavalgaram de volta e contaram tudo ao rei.

No dia seguinte, a filha do rei perguntou ao jardineiro pelo seu ajudante. "Ele está trabalhando no jardim. O esquisitão também esteve na festa e só voltou ontem à noite. Ele também mostrou aos meus filhos três maçãs douradas que ele ganhou". O rei ordenou que ele fosse levado a sua presença; ele apareceu e trazia mais uma vez o chapéu sobre a cabeça. Mas a filha do rei foi até ele e lhe tirou o chapéu; então seus cabelos dourados caíram-lhe sobre os ombros e eram tão bonitos, que todos se surpreenderam. "Eras tu o cavaleiro que veio à festa todos os dias, sempre com uma cor diferente, e que pegou as três maçãs douradas?", perguntou o rei. "Sim", respondeu ele, "e aqui estão as maçãs", tirou-as do bolso e entregou-as ao rei. "Se vós exigirdes mais uma prova, também podeis ver o ferimento, causado por vossos homens, quando eles me perseguiram. Mas eu também sou o cavaleiro, que vos ajudou a vencer os inimigos". "Se podes realizar tais feitos, então não és nenhum ajudante de jardineiro. Diga-me, quem é teu pai?" "Meu pai é um rei poderoso, e eu tenho ouro em abundância e tanto mais quanto eu quiser". "Eu bem vejo", falou o rei, "eu sou grato a ti, posso fazer alguma coisa para te agradar?" "Sim", respondeu ele, "isto bem podeis fazer: dai-me vossa filha como esposa". Então a jovem sorriu e falou: "Ele não perde tempo com rodeios, mas eu já havia visto em seus cabelos dourados que ele não é nenhum ajudante de jardineiro"; e então ela foi até ele e o beijou. Seu pai e sua mãe vieram para o casamento e estavam muito felizes, pois já haviam perdido todas as esperanças de rever seu filho querido. E quando todos estavam sentados à mesa do banquete do casamento, a música silenciou subitamente, as portas se abriram e um rei muito digno entrou acompanhado de um grande séquito. Ele caminhou em direção ao rapaz, abraçou-o e disse: "Eu sou João de Ferro e um encantamento havia me transformado em um homem selvagem, mas tu me libertaste. Todos os tesouros que eu possuo devem pertencer a ti[2].

***

No texto original este conto dos Grimm tem o título de *O homem selvagem*, uma outra versão se intitula *João de Ferro*. Essa história também fala desse homem selvagem, de sua atuação e por fim de sua integração. Mas esse homem selvagem também é um João férreo. Hans é um nome muito comum nos contos europeus, um nome de todo mundo. Mas um Hans que é férreo, inabalável, mostra que ele reúne em si diferentes aspectos: ele é totalmente comum e totalmente misterioso, humano e desumano ao mesmo tempo, uma forma que encerra em si mesma a possibilidade de permitir que as pessoas que entram em contato com ela se desenvolvam além de si mesmas – por bem ou por mal.

O ferro tem relação com Marte, o deus da guerra; refere-se à selvageria, à guerra, à luta, mas também à energia, à atividade, ao desejo de mudança. O ferro não é um metal nobre. De forma característica parece que esse João de Ferro possui um manancial de ouro, ou seja, ele tem em sua posse um metal muito nobre.

---

2. LAIBLIN, W. (1961). Der Wilde Mann. *Die Neurose als psychosoziales Problem* (pp. 187-231). Klett.

Esta é provavelmente uma das mensagens fundamentais desse conto; aquilo que se manifesta tão selvagem, tão primitivo, tão combativo, pode transformar-se em ouro, pode se tornar imensamente opulento, ou seja, pode enriquecer a vida de forma decisiva. A pergunta é apenas: como nós nos encontramos com esse João de Ferro, como lidar com ele de modo a ganhar participação em sua riqueza, em vez de ser despojado por ele e de ter de viver com medo dele? O conto nos encoraja a descobrir o que existe de João de Ferro em nós, talvez também a identificá-lo nas situações sociais e a conceder-lhe seu lugar.

No início da narrativa nos é descrita uma situação familiar com antecedentes. A família em si é imperceptível. Há um pai, uma mãe e um filho. No entanto, também é descrita uma floresta, como meio ambiente dessa família. Nessa floresta os caçadores desaparecem, e ninguém sabe o motivo. O rei enviou para lá todos os caçadores, nenhum deles voltou. Justamente os caçadores, que conhecem a floresta, que se defrontam por escolha e com pontaria com os animais selvagens, que também sabem como proteger as pessoas dos animais, ou seja, que podem lidar com a natureza, que precisam conhecer seu ritmo, que são feitos para preservar a natureza; são exatamente esses homens que se deparam com alguma coisa com a qual eles não sabem lidar. Eles não voltam mais e temos de supor que eles morreram, ou no mínimo que tenham sido enfeitiçados – desapareceram. Agora eles deveriam fazer muita falta à corte do rei. A floresta permanece "em silêncio profundo e solidão", ninguém mais se atreve a penetrá-la.

A floresta, que contém tanta vida, que fornece tanto alimento, que esconde e também revela mistérios, não pode mais ser adentrada. Uma área da vida, que tem a ver com o crescimento da natureza, com os frutos da natureza, mas também com os animais, que enfim nos relaciona com tudo que é vegetativo, que viceja espontaneamente, precisa ser excluída da vida. E sua falta deve ser sentida dolorosamente. De vez em quando vemos uma águia ou um falcão voar sobre ela. Isto é um sinal de que ainda existe vida na floresta, uma alusão a essa região preterida pela vida, de onde emana um silêncio inquietante?

Muitos anos se passam, até que chega um caçador que quer envolver-se no mistério da floresta, que aparentemente está capacitado para lidar com ele. Nós sabemos pouco a seu respeito, apenas que ele não conhece o temor. Ele não foi afetado pela atmosfera apavorante-paralisante e descobre o mistério. Eles puxaram para fora de um poço profundo o homem agreste, de corpo marrom como o ferro enferrujado e de cabelos tão longos que alcançavam seus joelhos. A cada vez que alguém ou algum animal se aproximava do poço, ele esticava sua mão e o puxava para as profundezas. O conto descreve o homem de tal forma, que nós nos perguntamos se o ser que foi encontrado é um homem ou um animal. Ele é marrom, como o ferro enferrujado. Marrom é a cor da terra e, embora o homem esteja em um poço e na verdade seja um homem aquático, mesmo assim ele também tem parentesco com a terra. Os cabelos longos, por um lado, indicam sua selvageria – ele não é civilizado, mas, por outro lado, também demonstram força, uma força indomada (Sansão), no sentido físico, mas também no sentido erótico, ou seja, uma energia imensa. Até agora essa energia se mostrara apenas de forma destrutiva: o homem selvagem puxava tudo que pudesse agarrar para dentro de seu poço. Uma imagem muito coerente para um complexo dividido, com sua dinâmica: um problema é reprimido, perde a relação com a vida cotidiana, mesmo assim é vivenciado como estímulo – aqui como estímulo destrutivo – e os impulsos vitais são muito facilmente "devorados" por ele, perdem-se. O medo se propaga. Quando João de Ferro é encontrado, torna-se claro o que se esconde por detrás desse problema; uma imagem para o problema foi encontrada, mas seu mistério ainda não foi descoberto, assim como nós algumas vezes, por exemplo, podemos chamar alguma coisa de complexo, sem vivenciar ou entender o segredo e as diferentes imagens que estão associadas a ele. Pelo menos, o contato com o complexo é então estabelecido, uma primeira possibilidade de, em geral, dialogar com ele e ter ocasião de permitir que o problema se expresse através da fantasia.

Porém, o que o rei espera do "aprisionado" João de Ferro? É evidente que ele tem a intenção de exibir João de Ferro em seu pátio, preso durante toda a vida. Será que ele espera poder solucionar o problema por meio de encarceramento, por meio da força? Ou será que tem esperanças de que esse homem selvagem lhe revele um mistério, ou talvez até mesmo lhe forneça uma visão do futuro? Em todo caso, agora qualquer um pode ir com segurança à floresta. O problema é temporariamente resolvido, o espaço de vida foi novamente ampliado, todo o território da floresta é novamente acessível, não oferece mais perigo: é emocionalmente tangível como o espaço do crescimento tranquilo, do crescimento natural, onde muita coisa também prolifera, onde animais são encontrados, onde, portanto, diferentes lados animais são abordados em nós. Então o problema foi isolado e agora pode ser encarado.

Quem é o homem selvagem? Originalmente os homens selvagens eram seres gigantescos das florestas, supostamente personificações de um deus da vegetação. Na Basileia é comum na primavera deixar um navio enfeitado com ramos verdes de pinheiro subir o Rio Reno. Dentro dele encontra-se uma figura mascarada, um homem selvagem[3]. Mas também os *Silvesterkläuse* na região de Appenzell estão enrolados em ramos de pinheiro; eles representam deuses da vegetação, devem expulsar o inverno e ajudar a primavera a chegar. Marte também foi originalmente um deus italiano da agricultura, a quem as pessoas rezavam pela prosperidade da colheita. Atrás desse homem selvagem esconde-se a força selvagem da

---

3. DELARUE, P., & TENÈZE, M. (1957). *Le conte populaire français* (Vol. II, p. 225). Erasme.

primavera que a tudo faz desabrochar a nova vida. Esses deuses da vegetação também são muitas vezes espíritos de fontes ou de árvores, ou seja, ligados ao manancial feminino da terra, lá onde a abundância da terra se derrama sobre o solo e estimula o crescimento daquilo que existe na semente. De uma maneira geral, os navios enfeitados bem podem ser comparados aos carros puxados por gatos da deusa nórdica da fertilidade, Freia.

Laiblin esclarece que esses deuses da vegetação muitas vezes precisam ser decapitados, para que um novo período vegetativo possa ser iniciado. O velho precisa morrer, o novo precisa ressurgir. No nosso conto não se fala em decapitação, contudo se fala em mudança[4].

Na imagem do homem agreste se comprimem as vivências do homem com os deuses da vegetação, com uma energia vital original, como o medo de que essa energia vital original se acabe, de que a primavera nunca mais se inicie – primavera agora em um sentido bem mais amplo. Essa força vital original também é vivenciada como vitalidade, como emocionalidade, como venturosa e como amedrontadora; aqui na história muito mais amedrontadora, porque evidentemente não muito ligada à vida vivenciada.

---

4. No cantão de Appenzell manteve-se a tradição de festejar a passagem do ano em 13 de janeiro, segundo o calendário juliano. Nesse dia, grupos de pessoas fantasiadas, usando máscaras e sinos amarrados ao corpo, vão de casa em casa para desejar um Feliz Ano-novo aos seus moradores [N.T.].

Mas detrás de João de Ferro não se esconde apenas a imagem do deus da vegetação. Em diversas versões francesas[5], João de Ferro é chamado de Merlin, por exemplo, *Georgic et Merlin*. Merlin, que no ciclo sobre Artur e sobre o Graal é a figura que está por trás de todos os desenvolvimentos e implicações, ele, o bruxo, o mestre, o guia de almas, que mora na floresta encantada; aquele que chega a essa floresta se perde, é constantemente ameaçado pela morte, porém aquele que sabe enfrentar esses perigos deixa essa floresta como uma pessoa transformada, como alguém que viu os olhos da morte, como alguém que nasceu de novo. Merlin é o mestre da natureza, mas ele também é o fundador da Távola Redonda; ele envia os cavaleiros à procura do Graal. Como senhor da floresta, mágico e bruxo, que conhece os contextos que permanecem ocultos aos outros; também como o mestre que busca encontrar o Graal, o sentido oculto, o espírito, que existe por detrás de todas as coisas, Merlin representa o espírito da natureza.

Se entendermos Merlin como uma figura interior, então ele seria a personificação da capacidade imaginativa do homem, unida a uma grande confiança nessa capacidade que está em sintonia com os ritmos da natureza. Segundo a lenda, Merlin se retirou para a floresta; segundo uma outra versão ele foi enfeitiçado por uma bela jovem

---

5. NINCK, M. (1967). *Die Bedeutung des Wassers im Kult und Leben der Alten*. Wissenschaftliche Buchgesellschaft (p. 175).

chamada Viviane, porque em seu amor por ela ensinou-lhe a magia, até o ponto em que ela pôde enfeitiçá-lo.

No homem selvagem – assim sugerem os paralelos franceses – também poderia estar escondido um aspecto merliniano, pois o tema da agressão e a maneira adequada de se lidar com ela é um tema essencial que atravessa o ciclo de Merlin. Mas da mesma forma também poderia estar encerrado o tema das visões, de que nós temos de ter uma imaginação que possamos seguir.

Há ainda um último aspecto presente no homem selvagem: os deuses da água e também os demônios conhecem o futuro, e muitas vezes eles são aprisionados para que sirvam de oráculo. A história mais conhecida é provavelmente a história do Rei Midas, que aprisionou Sileno quando este estava embriagado pelo vinho – os demônios aquáticos se embriagam constantemente com vinho. Sileno foi obrigado a cantar para o rei uma canção sobre a origem e a constituição do mundo. Todavia o oráculo não se ocupa de um problema pessoal e de sua solução, mas sim com a observação da enorme relação da vida e da morte; enfim o oráculo estimula a ver os problemas pessoais em associação às imensas relações do ser; então as soluções se oferecem a partir dessa perspectiva modificada. A história do Rei Midas assemelha-se ao tema de nosso conto.

No entanto todas essas imagens que se escondem por detrás do homem selvagem, que sempre foram vistas por detrás do homem selvagem, não estão presentes onde nós desagregamos o natural, o elementar? E de onde, então, elas nos intimam a resgatá-las: nos pressentimentos que estão nessas forças da natureza, em nossas mais ardentes e inadequadas emoções, no anseio que irrompe nas paixões físicas de se deixar levar por elas acima de si mesmo em grandes fantasias e ideias?

Agora observemos o conto sob o aspecto de uma história familiar e do desenvolvimento da capacidade de se relacionar do jovem. Esse desenvolvimento está associado a ela, pois dentro da família vivenciamos nossas primeiras ligações e relações, vivenciamos o primeiro amor. O que significa, quando em uma família esse homem selvagem na floresta se torna tão perigoso? O que quer dizer, se esse fosse o modelo familiar que temos aqui, trancafiar o homem selvagem o mais distante possível, seja em função da situação temporal, ou por causa de um estilo familiar particular que se impõe aqui? Principalmente, qual o significado de tudo isto para um garoto que tem de amadurecer em um ambiente assim? Aqui o conto nos dá uma resposta clara: primeiro o garoto é raptado pelo homem selvagem, mas depois então o homem selvagem pode ser libertado por ele.

Nós teríamos diante de nós uma família que reprime o selvagem, o emocional, o instintivo, que está associado à profundeza mais profunda da humanidade, mas que também está associado ao que há de mais alto, porque não sabe lidar com ele, talvez ela também o tenha transferido; mas, na verdade, essa família vive muito bem com isto, mesmo que apartada da floresta, e com isto também separada de todas as qualidades da vida, que têm a ver com os mais esclarecidos, mas também com os mais obscuros. Na corte do rei tudo deveria estar "claro", assim como o filho do rei brinca com uma esfera dourada, com uma representação do sol – porém a bola rola para onde ela quer. Se a bola em função do ouro é o símbolo da predileção e em função de sua forma esférica é um símbolo da totalidade, um sinal de que a vida deveria se tornar plena, então ela é em seu papel a expressão para dinâmica própria, que emana de nossa possível totalidade, uma auto-organização que tende a transcender a situação atual, para conduzir finalmente à possível totalidade. Essa força dinâmica está presente por trás de toda transformação; nós podemos vê-la como auto-organização ou autorregulação em todos os sistemas. Em simples palavras: para onde o conduz seu destino, a que ele o seduz?

O destino o conduz naturalmente ao homem selvagem – e nós podemos nos perguntar se a nossa bola dourada também rola em sua direção, ou se rola em direção a alguma coisa bastante diferente. Nós todos possuímos uma bola dourada e para cada um de nós o importante é saber onde a perdemos. Na maioria das vezes, ela está onde nós menos suspeitamos. Mas reaver essa bola não será tão fácil. Se João de Ferro estava lá para profetizar alguma coisa, então isto: pega a chave que está debaixo do travesseiro de tua mãe e me liberta.

A chave para a liberdade do homem selvagem – e com isto também para o caminho de vida especial desse garoto, que é traçado para viver aquilo que em casa foi pouco considerado –, está com a mãe; ela precisa ser roubada, e aí se introduz uma primeira quebra de tabu, uma ação de responsabilidade individual, um passo no caminho do tornar-se adulto. Todavia ele ainda imprensa o dedo ao abrir a jaula. Então o filho do rei se conscientiza de repente que alguma coisa decisiva havia sido modificada: por que outra razão ele teria pedido ao homem selvagem que o levasse com ele? Uma libertação drástica se inicia: longe do pai, longe da mãe, longe do ambiente familiar.

Na corte também impera uma grande tristeza – aparentemente os pais perderam seu filho. Uma libertação abrupta, como é comum nos contos e que só parece tão abrupta, pois o momento da libertação, como já se mostrou há muito tempo – aqui expresso pela aproximação do homem selvagem do ambiente da corte do rei –, é mesmo uma coisa momentânea, é realmente comparado a uma morte. E o rei e a rainha têm uma reação adequada – eles procuram e estão tristes.

O próprio garoto foi informado: ele nunca mais veria seu pai e sua mãe, mas ele deveria viver bem com o homem selvagem, pois ele o libertara, e também porque o homem selvagem teria compaixão dele. A primeira coisa que o homem agreste faz pelo menino é construir-lhe uma cama de musgos, sobre a qual ele pode dormir – essa preparação da cama é na verdade um gesto maternal. E então o garoto deve proteger e cuidar para que nada caia dentro da fonte dourada, que é clara e límpida como cristal. Agora nós descobrimos que esse João de Ferro, que antes estava em um poço, possui uma cristalina fonte dourada. Existe uma contradição enorme entre o que pertence a João de Ferro: o poço e uma fonte cristalina e límpida.

Nos contos de fadas as fontes são locais a partir dos quais nós chegamos às terras que existem do outro lado. Nós chegamos, por exemplo, à casa da Senhora Holle através de um poço. No poço a água da terra se acumula para a irrigação dos homens e do solo, nele é afiançada uma passagem. Na lenda popular, o poço é muitas vezes conhecido como poço das crianças, o "viveiro das crianças". Nele moram as crianças que ainda não nasceram, mas também os mortos. Desta forma o poço é sempre também a conexão para o reino dos mortos. Nele, o mistério da vida e da morte torna-se acessível.

Quando eu me coloco no lugar do garoto, que se senta à beira da água límpida e cristalina e observa, para que nada caia lá dentro, então eu percebo o tanque como um espelho, que não só reflete sua imagem, como também o liga à profundeza. Alcançar a sabedoria, o conhecimento sempre tem a ver com poços e profundeza. Odin[6] também foi até Mimir no fundo do poço e sacrificou um olho, para tornar-se sábio.

Esse observar o tanque é uma forma de meditação em alguma coisa, que centraliza o garoto, que também

---

6. Personagem de um dos contos dos Irmãos Grimm. No Brasil, também conhecida como Mãe Hilda, Dona Flocos de Neve e Dona Ôla [N.T.].

é belíssima e que não pode ser contaminada; isto é comparável a uma situação na qual nós não podemos deixar que alguma coisa que venha de fora contamine alguma coisa muito bonita, como por exemplo, uma imagem, que transmite significado, que nos dá a sensação de estar totalmente conosco. Nessa meditação o filho do rei ao mesmo tempo contempla o seu futuro. Já não é mais o aspecto selvagem do homem agreste que se apodera do menino, pelo contrário, é o aspecto profético, o meditativo, mas também o imaginativo.

O motivo especial da existência do poço no conto é revelado no fato de que o dedo, que dói, torna-se dourado. É claro que o poço não pode ser mantido limpo para sempre. João de Ferro coloca um tabu, para que este por fim seja quebrado; mas esse tabu só poderá ser quebrado quando o menino também estiver maduro para isto. Este é provavelmente o sentido da tabuização: os tabus protegem, até que sejamos independentes o bastante para tomarmos sobre nós as consequências de sua quebra.

É concebível que o menino, uma vez tomado por este lado selvagem que existe nele, que certamente também tem a ver com o irromper da sexualidade, mas também com a manifestante emocionalidade, tenha uma necessidade declarada de viver o oposto deste lado, de se entregar a um ideal de pureza. Se eu por um lado me colocar no lugar do homem selvagem e me imaginar como o dono dessa fonte, então eu sinto uma contradição enorme entre a força selvagem e dinâmica e essa maneira de ser tão tranquila e profética.

Essas forças também poderiam ter efeito sobre o filho do rei. Nós podemos entender essa fase na floresta de outra maneira: por um lado nela é representado que o caminho de separação do pai e da mãe individuais ocorre por meio de uma permanência na floresta com o homem selvagem, que associa em si não só as características maternais como também as paternais. Ele pode ser entendido também como o materno e o paterno, que foram negligenciados no sistema familiar, mas por outro lado ele também pode ser entendido como arquetípico paterno e materno, como encontro com o paterno e o materno em si mesmo. Isto também em relação àquilo que não foi vivenciado na situação temporal concreta. Por isto essa permanência na floresta poderá ser entendida como "iniciação", através de um ancestral. Mas isto significa: através do paterno e do materno que existem em nós, que nós temos que dar a nós mesmos. Este é também um passo essencial na separação: a integração daquilo de que nós nos libertamos. É claro que o paterno e o materno em nós é moldado por nossas experiências com os pais e as mães reais, mas muitas vezes também é moldado exatamente por aquilo que eles não vivenciaram. É aí que está também o estímulo para o desenvolvimento.

Entendamos o filho do rei como um filho que tem de se separar, então aqui no conto essa fase poderia ser descrita quando ele, ora denotando o homem selvagem, de fato mais obrigado do que de livre e espontânea vontade, ora muito meditativo, reflete sobre seu futuro, ao criar-se a si mesmo. De um modo ou de outro os pais já não representaram mais nenhum papel importante.

O homem selvagem tem uma grande importância, e, em um destino humano, este homem selvagem seria então provavelmente projetado em uma pessoa ou um grupo que vive em si as qualidades do homem selvagem.

***

Um jovem de 17 anos vem de uma casa paterna, que ele descreve como muito metódica; todos se preocupavam de forma apreensiva em nunca magoar ninguém. "Limpo" e "claro" eram conceitos muito importantes. Sem que alguma vez tivesse sido falado, o rapaz tinha a sensação de que tudo que não fosse completamente controlado provocaria medo. E, por este motivo, todos se esforçavam pela clareza.

No início, ele próprio seguiu um caminho "claro": ele cursou o ensino médio com bons desempenhos escolares. Então surgiu o movimento revolucionário juvenil em Zurique. A palavra "quebrador de gelo" tornou-se muito importante para ele. Embora ele não soubesse dizer exatamente por que, essa palavra era como uma palavra-chave para sua situação de vida. Ele se juntou ao movimento, mudou-se da casa dos pais, caiu, como ele mesmo se expressou "em um redemoinho selvagem", "onde, de repente a vida pulsava". Lá nada mais era claro, mas sim selvagem, movimentado e um pouco caótico. Os pais estavam tristes. Ele tentou fazer-se entender por eles, mostrar-lhes que aqui desabrochavam nele emoções que ele jamais havia conhecido antes, ou que no máximo conhecera como um anseio abafado. Ele não pode se fazer compreender pelos pais. Eles o deram por "perdido".

O movimento se tornou por fim muito movimentado para ele, a agitação muito caótica. Então ele se uniu a um grupo que havia se formado a partir do movimento original – mas que refletia, com o desejo de não deixar o gelo surgir outra vez, mas de ter também uma estrutura na vida, que queria encontrar a si mesmo. Esse grupo tinha como ideais por um lado viver o mais naturalmente possível, mas também de praticar a abstinência sexual. O objetivo dos membros deste grupo era, trazer o "movimento" para a vida, para os relacionamentos, quando estivessem prontos.

As vivências desse rapaz bem poderiam ser representadas na imagem do ser apanhado por João de Ferro e na imagem da vigilância de sua fonte de ouro. A fase aqui na floresta também é uma fase de amadurecimento posterior, uma fase transitória. Primeiro o filho do rei toca a água apenas com o dedo, no outro dia cai um fio de cabelo lá dentro e no terceiro dia ele contempla seu rosto na superfície da água; ele quer se olhar nos olhos e aí seus cabelos caem na água e se tornam dourados. Essa cena me parece central. Ele contempla a si mesmo na fonte, ele quer se olhar nos olhos – para mim uma imagem para uma consciência de si mesmo, autoconsciência, querer se olhar nos olhos e poder assimilar em si esse contato tão íntimo que, afinal, significa que nós aceitamos a nós mesmos do jeito que somos agora – aqui prisioneiros de João de Ferro. Nesse olhar-se, nesse se-olhar-nos-olhos, dos quais nós também dizemos que possuem uma profundidade e por isto correspondem à fonte, mostra-se como a reflexão sobre a fonte, a concentração na fonte, é por assim dizer também uma concentração sobre a própria profundidade.

Esse entrar em contato consigo mesmo deixa vestígios: ouro no dedo, cabelos dourados. O dedo dourado não é importante para a continuação da história; os cabelos dourados, no entanto, serão extraordinariamente importantes. Cabelos dourados são símbolo de uma grande preferência, de um destino especial. A bola dourada encontra sua correspondência nos cabelos, agora, porém, mais junto ao corpo: aquilo que foi insinuado na bola começa agora a se realizar como destino.

É interessante como o homem selvagem reage à quebra de tabu. Nós estamos acostumados a ver em outros contos de fadas que em uma situação dessas logo são introduzidas medidas punitivas pavorosas – o menino em perigo de vida tem de fugir, *As três maçãs douradas*, *O prodigioso cavalo branco*, ou então nos contos semelhantes que têm uma heroína feminina, por exemplo, em *A filha da Virgem Maria* ou no conto da *Mulher negra*, essa mulher negra que deixa sua sombra negra irromper sobre essa vida durante muito tempo –, mas aqui João de Ferro é quase gentil. Que o tabu possa ter sido quebrado três vezes, também é algo especial. Esse João de Ferro não é mesmo tão cruel.

Essa particularidade estaria associada ao fato de o filho do rei ter encarado a si mesmo na fonte, por conseguinte encontrado tanto a si mesmo, que João de Ferro já não tenha mais um poder tão grande sobre ele, portanto que já não lhe possa ser tão perigoso? Este poderia ser um dos ângulos da questão. Um outro é, com certeza, o aspecto de que as situações de desfecho dos contos de fadas semelhantes, no que diz respeito à situação familiar, são todas muito mais dramáticas. Nelas encontramos outras situações difíceis, por exemplo muitos filhos e nada para alimentá-los. A essas grandes situações de aflição corresponde também um poder mais forte daquele que vive na floresta.

João de Ferro não o persegue, ele até mesmo lhe oferece deixar que tome parte de sua abundância de poder e riqueza, mas agora o jovem precisa ir embora.

Parece que com essa sequência a libertação de João de Ferro já ocorre de forma considerável; agora suas características precisam apenas ser trazidas para a vida. Mas trazer para a vida aquilo que está incorporado em alguém não se deixa realizar tão facilmente no início. E isto também é típico. Exatamente quanto fizemos uma imagem poderosa de nossa vida, então nos colocamos com ela na maioria das vezes em conflito com o mundo. O conto também narra que o filho do rei não aprendera nada que pudesse ser usado no mundo cotidiano e teve de desempenhar trabalhos menos elevados.

Nós temos aqui o motivo para que a riqueza interior seja escondida e até mesmo com grande modéstia – mas consciente de sua riqueza – que é feito, que é necessário.

Ele trabalha como ajudante de jardineiro. Ele tem de plantar e capinar, irrigar e cavar, ele tem de trabalhar com a terra e com as plantas, símbolo de como nós também revolvemos nosso jardinzinho espiritual – quando o fazemos –, plantamos e irrigamos. As plantas e as flores nos despertam o sentimento do crescimento, da beleza, do brotar e do fenecer, mas com elas nós também expressamos nossos sentimentos. O trabalho no jardim pode ser visto como trabalho na expressão dos sentimentos, na expressão erótica. Isto se torna especialmente claro no encontro com a filha do rei: o jovem jardineiro tira seu chapéu, os cabelos dourados faíscam no sol, os raios incidem no dormitório da filha do rei, ela vê o rapaz e diz: "Rapaz, traga-me um buquê de flores".

Uma imagem maravilhosa para a centelha de Eros – ela se deixa atingir, afetar por esses raios é uma ilustração para o encontro erótico. E a filha do rei quer conceder a esse encontro um pouco de duração; ao pedir pelo ramalhete de flores, ela deve se tornar visível. O jovem, quando lhe traz flores do campo, também diz alguma coisa a respeito do Eros, que ele tem a oferecer: as flores silvestres têm um aroma mais forte, elas agradarão muito mais à princesa. Seu Eros está próximo à natureza selvagem, muito embora ele tenha trabalhado no jardim. Ele permanece fiel ao seu lado João de Ferro e não se deixa desviar dele. Ele não quer mostrar seus cabelos dourados mais uma vez – provavelmente ainda é muito cedo, ele seria determinado por eles e por causa disso seria cobrado. Provavelmente é por esse motivo que ele diz ter sarna na cabeça. Com isto talvez se queira expressar o maior contraste com os cabelos dourados, alguma coisa repelente, algo que o isola dos outros, portanto que lhe permite ter tempo para amadurecer para si mesmo.

E então se inicia a disputa entre a filha do rei e o jovem ajudante jardineiro. Ela começa com o fato de que ele não aceita os ducados para si mesmo, mas sim os dá para os filhos do jardineiro para brincar: ele ainda não pode aceitar seu ouro; se compreendermos os filhos do jardineiro como partes de sua personalidade, então se mostra que na área na qual Eros é tratado ainda existem muitas crianças, e elas são presenteadas por meio desse primeiro amor. Mas a contenda continua: ela quer arrancar-lhe o chapéu da cabeça e não consegue, ele, por sua vez, não quer os seus ducados. Esse primeiro encontro com os cabelos reluzentes que faíscam em seu dormitório é seguido por uma fase em que ele se defende de suas investidas, protege-se mais uma vez.

Ele ainda tem algo a realizar em sua vida antes de poder se unir à filha do rei. Assim como em todos os contos desse tipo, o rapaz jardineiro tem de provar que ele pode ser um herói.

É guerra – e guerra nos contos de fadas tem sempre a ver com o aspecto de que antagonismos, que antes sempre foram visíveis e na maioria dos casos pelo menos um deles foi reprimido –, agora se colocam frente a frente, de tal modo que agora pode acontecer um confronto. Em nosso conto, nós não conhecemos o exército do outro rei, nós não sabemos o que ele defende, trata-se provavelmente do motivo de se defender, disputar, proteger-se de invasões. Além disso, nunca devemos esquecer que nesse tema de conto, que aqui os ideais dos tempos dos cavaleiros ainda têm um papel importante, e que este se revela então na cena da maçã. Ir para a guerra, este era o ideal masculino. No entanto, por detrás desse ideal se encontra a necessidade de se colocar diante da vida, de aceitar desafios. No cavalo de três pernas mais uma vez se torna visível o contraste entre o cabelo dourado e a cabeça sarnenta. Se ele recebeu o pior cavalo, então de João de Ferro ele recebe o cavalo mais fogoso. Se o vermos na corte como o ajudante do jardineiro, não vemos seus cabelos dourados – e ele também se comporta de maneira correspondente, o que se iguala a uma polarização no sentimento de autoestima, em que ele nunca esquece seus cabelos dourados. Mesmo quando ele é menosprezado, ele não esquece seu valor. É assim que ele então também pode dizer que teria feito o melhor, que sem ele a coisa teria terminado mal.

Contudo ele virou a batalha a seu favor com a ajuda dos guerreiros de João de Ferro. Nessa implacabilidade são, portanto, atribuídas a ele também muitas possibilidades da perseverança férrea, um aspecto da agressão, do qual ele pode lançar mão segundo a necessidade, mas que ele também pode devolver outra vez; ele pode dispor realmente dessas possibilidades combativas, elas vivem. A força férrea se concretiza devagar.

O rei quer realizar uma festa; a filha do rei deve jogar a maçã dourada – o desconhecido deve ser atraído com ela. Agora o ouro está com a filha do rei e a atração também deve partir dela. Parece-me que o conto também mostra que, como sempre ocorre na vida, uma vez a atividade está com o homem, e então novamente com a mulher: o ritmo precisa estar certo, então os destinos no conto também são bem-sucedidos.

A maçã é um símbolo de amor muito propagado. No conto, oferecer uma maçã tem o significado de oferta de amor. As maçãs douradas das Hespérides são as maçãs da imortalidade e da eterna juventude. A mãe Terra deu de presente de casamento à deusa Hera uma dessas macieiras, que era protegida pelas filhas de Atlas, as Hespérides, e pelo sempre vigilante dragão Ladon. As maçãs douradas são um presente de casamento da mãe Terra à sua filha. Por causa do sagrado casamento entre um deus e uma deusa, a fertilidade do solo é garantida e mantida; será alcançada a ressurreição de tudo que está morto e, com isto, a perpetuação da criação. Como o símbolo da juventude eterna também é representado na maçã dourada, que no amor, em Eros, nós permanecemos jovens para sempre, que Eros em si mesmo também é jovem, que ele sempre pode surgir renovado e inesgotável. Os pomos dourados das Hespérides também são vistos como símbolos da imortalidade, uma imortalidade associada ao amor e à fertilidade que são ofertados pela mãe Terra, a deusa feminina. Por esse motivo as princesas também exigem muitas vezes maçãs douradas como presente de amor dos heróis dos contos de fadas. Elas têm de mostrar com isto que têm participação no amor, em sua fertilidade, mas também na morte que reside em seu interior, e nos poderes do renascimento.

Mais uma vez João de Ferro vem em seu socorro: observemos ainda as armaduras, que João de Ferro deu ao ajudante de jardineiro, pois essas armaduras dizem mais uma vez alguma coisa sobre esta "implacabilidade". A primeira armadura é vermelha; como montaria ela possui um alazão vermelho. A segunda armadura é branca, o ajudante de jardineiro cavalga um cavalo branco; a terceira armadura é negra, ele monta um cavalo negro.

Essas três formas de aparição do cavaleiro mostram três aspectos de seu ser, que estão associados a João de Ferro e também demonstram que ele integrou João de Ferro a sua personalidade. Em sua apresentação vermelha se mostra a paixão, que também está ligada ao sofrimento, mas também à exaltação, à intrepidez, à libido tão terrestre. Na vestimenta branca, eu vejo o contrário disso: a cor que talvez pudesse corresponder à fonte clara e cristalina, que está certamente relacionada aos domínios superiores. Os cavalos, que puxam o carro solar, são cavalos brancos – são também certamente os cavalos que poderiam predominar em sua juventude. O cavalo negro é o cavalo que pertence aos deuses da morte – e com o traje negro ele expressa que está relacionado à escuridão e também à morte. Em cada uma dessas formas lhe foi lançada uma maçã – em cada uma dessas formas, com cada uma destas posturas ele pode alcançar o amor.

Ele é ferido quando se apresentava como o cavaleiro negro; ele é ferido na integração do "sombrio", do aspecto da morte, mas também na integração do *chthonico*; ele é sensível a ferimentos, e por isto identificável; então o elmo também lhe cai da cabeça – e então também se torna visível que ele tem cabelos dourados. Pela primeira vez é visto que ele traz em si o negro e o ouro, a escuridão e a claridade, o dia e a noite, o feminino e o masculino.

Mas ele ainda continua a se fazer passar por ajudante de jardineiro, mesmo que ele sempre conte ao jardineiro tudo que lhe acontece; ao jardineiro que representa uma figura paterna conciliadora. Somente agora o jovem se apresenta como ele mesmo, diz aquilo que ele fez, reconhece seus méritos. A união entre ele e a filha do rei é previsível. A "pertinácia" continua a se mostrar, porque ele não faz nenhuma cerimônia; mas a filha do rei também não.

Agora os pais podem ser trazidos de volta à história. Ele encontrou sua autonomia, ele pode se unir ao feminino, ele integrou a "tenacidade" e, através disso, também a libertou. Ele pode confrontar-se de novo com os pais em uma posição totalmente diferente, agora eles também não podem mais se tornar perigosos para ele.

É impressionante que o último a chegar seja o agora livre João de Ferro, também como rei, e que este dê ao jovem rei todos os tesouros, todas as riquezas que existiam nele e que por causa de seu encantamento se expressavam como energia destrutiva. Essa energia destrutiva transformou-se em energia vital no mais amplo sentido, porque o jovem se deixou atingir por ela. O importante não é apenas que ele tenha encontrado sua princesa; mais importante ainda é que com isso ele tenha libertado João de Ferro. E isso por sua vez aponta, se quisermos analisar esse conto como um conto de família, que ele tem o amadurecimento da capacidade de relacionamento do homem como tema, porém sob condições muito especiais. Ou seja, que nessa família ou também na situação coletiva dos valores, o selvagem, o libidinal, o que se aproxima da natureza era reprimido perigosamente. Tentemos ver esse conto, ou esse modelo de família também em camadas subjetivas.

Se pensarmos que o jovem filho do rei representa o modelo de uma personalidade que quer encontrar a si mesma, que quer viver aquilo que está dentro dela, que quer desenvolver sua capacidade de relacionamento, então essa personalidade ainda estaria em um estágio infantil, o que significa: a porção paterna dentro dele é dominante e, em primeiro lugar, aquela porção que foi moldada pelos próprios pais. Enfim, essa personalidade foi determinada por aquilo que o pai e a mãe representam em termos de valores, de atitudes e de comportamentos. O grande impulso para o desenvolvimento, e os lados que foram negligenciados pelos pais se reúnem e se fazem perceber primeiro como distúrbio. Essa perturbação pode se tornar visível, mas monopoliza a personalidade: foi formado um complexo. Uma personalidade desse tipo provavelmente viveria uma vida totalmente diferente daquela que parece adequada aos pais; a libertação sempre ocorre quando a gente vive aquilo que antes foi deixado de lado no sistema. A nova forma de vida também preserva a chance de se tornar consciente sobre si mesmo. Torna-se possível ser comovido pelo físico, pelo emocional, pelo libidinal, pela abertura e pela reflexão. Ao nos tornarmos conscientes de nós mesmos e nos aceitarmos, pode ser dado um novo passo na vida – o filho do rei tornou-se capaz de relacionar-se e agora conquistou o feminino.

Jorinda e Jorindo: um caminho de saída de um relacionamento simbiótico para um relacionamento verdadeiro

Era uma vez um castelo antigo em meio a uma floresta grande e densa. Em seu interior morava totalmente sozinha uma mulher velha; ela era uma feiticeira. Durante o dia ela se transformava em uma gata ou em uma coruja noturna, mas à noite ela assumia a forma de uma pessoa. Ela tinha o poder de atrair os animais selvagens e os pássaros até o castelo. Então, ela os matava, os cozinhava e os assava. Se alguém se aproximasse a cem passos do castelo, ficava paralisado e não podia se mover do lugar, até que ela o desencantasse. Porém, se uma virgem casta chegasse a esse ponto, ela a transformava em um pássaro e a trancava em uma gaiola, que carregava para um dos aposentos do castelo. Em seu castelo, ela possuía pelo menos sete mil dessas gaiolas com pássaros muito raros.

Houve uma vez uma donzela, que se chamava Jorinda; ela era mais bonita do que todas as outras moças. Jorinda havia ficado noiva de um bonito rapaz chamado Jorindo. Era o dia do noivado e seu maior prazer era estar junto um do outro. Para que pelo menos uma vez pudessem conversar a sós, eles foram passear na floresta. "Toma cuidado", disse Jorindo, "para que não te aproximes demais do castelo". Era um belo crepúsculo, o sol brilhava entre os troncos das árvores no verde escuro da floresta e a rolinha cantava lamuriosa em cima da velha faia.

Jorinda chorou, sentou-se à luz do sol e lamentou-se; Jorindo lamentou-se também. Eles estavam tão tristes, como se tivessem de morrer: eles olharam ao redor, estavam confusos e não sabiam o caminho de volta para casa. O sol ainda não havia desaparecido totalmente por detrás do morro. Jorindo olhou através dos arbustos e viu os velhos muros do castelo próximo a ele; ele se assustou e ficou apavorado. Jorinda cantou:

> Meu passarinho de coleira vermelha
> canta a dor, dor, dor:
> a rolinha canta sua morte,
> canta dor, d – pip, pip, pip.

Jorindo olhou para Jorinda. Ela havia se transformado em um rouxinol, que rouxinolava. Uma coruja noturna voou três vezes ao seu redor e piou três vezes "Schu, hu, hu, hu". Jorindo não podia se mover, ele ficou lá parado como uma pedra, não podia chorar, não podia falar, nem mover a mão ou o pé. E então o sol se pôs; a coruja voou até uma moita e logo depois surgiu dali uma mulher velha e curvada, macilenta e magra, com grandes olhos vermelhos e nariz tão adunco, que sua ponta alcançava o queixo. Ela murmurou alguma coisa, pegou o rouxinol e o levou embora em sua mão. Jorindo não pôde dizer nada, não pôde sair do lugar; o rouxinol foi levado embora. Finalmente a mulher retornou e disse com uma voz sombria: "Eu o saúdo, Zaquiel, quando a lua brilhar, liberta-o Zaquiel, em boa hora". E então Jorindo ficou livre. Ele caiu de joelhos diante da mulher e pediu que ela lhe devolvesse sua Jorinda, mas ela disse que ele jamais a teria de volta, e foi embora.

Ele chamou, ele chorou, ele se lamentou, mas de nada adiantou. "Ai, o que vai acontecer comigo?" Jorindo partiu e finalmente chegou a uma aldeia desconhecida; lá ele tomou conta das ovelhas durante muito tempo. Muitas vezes ele caminhava em círculos em volta do castelo, mas nunca chegava muito perto. Por fim, uma noite ele sonhou que encontrara uma flor vermelho-sangue, que continha em seu meio uma pérola grande e bonita. Ele colheu a flor e foi com ela até o castelo. Tudo que ele tocava com a flor, libertava-se do feitiço; ele também sonhou que assim ele teve de volta sua Jorinda.

Pela manhã, quando acordou, ele começou a procurar pela montanha e pelo vale por uma flor como essa. Bem cedo, na manhã do nono dia de busca, ele encontrou a flor vermelho-sangue. Ele carregou essa flor dia e noite, até chegar ao castelo. Assim que chegou a cem passos do castelo, ele não ficou petrificado, mas prosseguiu até a porta. Jorindo se alegrou muito, tocou a porta com a flor e esta se abriu. Ele entrou, atravessou o pátio, procurou ouvir onde os pássaros estavam; finalmente ele os escutou. Ele caminhou e encontrou a sala, a feiticeira estava lá dentro e alimentava os pássaros nas sete mil gaiolas. Quando ela viu Jorindo, ficou zangada, muito zangada, gritou, cuspiu veneno e bile em sua direção, mas não podia chegar a mais do que dois passos perto dele. Ele não se incomodou com ela e prosseguiu, e então ele viu as gaiolas com os pássaros, mas lá havia muitas centenas *de rouxinóis; como ele poderia reencontrar sua Jorinda? Enquanto ele olhava, ele percebeu que a velha sorrateiramente havia apanhado uma gaiola e se dirigia para a porta. Rapidamente ele saltou a sua frente, tocou a gaiola com a flor e também a velha mulher: agora ela não podia mais enfeitiçar mais nada e Jorinda estava de pé diante dele e envolveu seu pescoço, tão linda como era antes. Então ele também transformou novamente todos os outros pássaros em donzelas, foi para casa com sua Jorinda e eles viveram felizes durante muito tempo[7].*

Este conto é um conto de fadas alemão que foi registrado no Romantismo e também vem da coletânea dos Irmãos Grimm.

O título já denuncia problema: Jorinda e Jorindo são pessoas que se assemelham em seus nomes. Isto poderia significar que com isso dois aspectos de uma única e mesma pessoa são expressos, seu lado feminino e seu lado masculino; mas também pode significar que os dois têm um com o outro um relacionamento muito estreito, tanto que suas diferenças desaparecem: um relacionamento simbiótico. A história começa narrando que na floresta imensa e densa, em um velho castelo, vive uma feiticeira, que durante o dia pode se transformar em uma gata ou uma coruja, mas que durante a noite é um ser humano. Se

---

7. Jorinde und Joringel. In Brüder Grimm (orgs.) (1997). *Kinder- und Hausmärchen* (pp. 382-384).

chegamos muito perto dela não podemos mais nos movimentar. As donzelas castas são transformadas por ela em pássaros, que ela põe em uma gaiola e leva para um dos quartos do castelo. Enfim, ela faz prisioneiros, e, quem é aprisionado, é cada vez mais encarcerado: no pássaro, na gaiola, no quarto... É como se ela jogasse muitas capas sobre essas pessoas.

Em primeiro lugar nos dedicaremos à feiticeira: ela representa alguma coisa reprimida, assim tão sozinha, no meio de uma floresta espessa. Ela sabe lidar com animais e identifica a si mesma mais precisamente através dos animais, nos quais ela pode transformar-se: em gata e coruja. Bastet e Sachmet, duas deusas egípcias da fertilidade, são representadas com cabeça de gato. Bastet incorpora o gato bom e Sachmet o enfurecido que, consequentemente, muitas vezes também é representado com uma cabeça de leão. É evidente que os gatos poderiam ter alguma relação com o feminino: nós conhecemos a expressão "gata" para mulher, e sabe-se que essa forma de expressão sempre é empregada a partir de uma perspectiva erótica. A existência de uma deusa para a gata boa e uma para a má também parece compreensível. Nós sabemos sobre os nossos gatos domésticos, que eles são totalmente imprevisíveis: em um momento sentimos suas patas aveludadas e, quando isto não lhe agrada mais, então suas garras. A gata simboliza uma feminilidade extremamente instintiva, aconchegante – mas também independente e imprevisível. A coruja é tida como o pássaro de Atena. Atena é a deusa da sabedoria, da guerra, da luta, do trabalho manual. A coruja é símbolo da sabedoria noturna no sentido da vidência e da intuição.

Assim nós poderíamos dizer que na situação inicial da história é mostrado que nós estamos lidando com uma época, que reprime o instintivo-feminino e o mental-feminino, simbolizados na gata e na coruja, e que por esse motivo temos medo de ser enfeitiçados. A magia, a vidência, que talvez se expressem no deixar-se prender pelas coisas, no deixar-se inspirar, em respeitar as intuições, é reprimida e ao mesmo tempo procurada. Nós estamos lidando aqui com um conto romântico; no Romantismo encontramos uma cultura dos sentimentos que jamais existira antes, mas somente depois desse lado ter sido banido para a profundeza da floresta.

Jorindo sabe que se deve proteger do castelo, que não se pode aproximar muito, mas o castelo simplesmente exerce uma atração. Se nós considerarmos que a feiticeira guarda sete mil gaiolas com donzelas, então essa atração tem de ser muito efetiva. Sob o poder dessa feiticeira nós possivelmente sempre caímos, quando estamos apaixonados – como ocorre aqui com Jorinda e Jorindo. A paixão enfeitiça realmente, mas aqui a magia, em vez de exigir a vida, a entorpece. Os dois já haviam tido um pressentimento: eles estão tristes como se devessem morrer. O sol está se pondo, é noite; isto também contribui para acentuar este sentimento de morte. Quando duas pessoas estão muito apaixonadas, o complexo da mãe forma uma constelação, e é claro que a problemática do complexo da mãe coletivo, que se expressa na situação temporal, também se associa a ele.

Esse relacionamento simbiótico de Jorinda e Jorindo conduz em outras palavras "apenas" a essa feiticeira, ou seja, a um ponto em que o homem se torna totalmente petrificado, ou seja, sem movimento, fica sem expressão e não consegue mais alcançar sua mulher. A mulher é transformada em um rouxinol, de cujo canto se diz que é muito lamurioso, muito triste, repleto de anseios, mas que ao mesmo tempo também é tão sedutoramente excitante – mas ela permanece inalcançável. A relação entre os dois é interrompida. Por trás dessa existência da mulher como um rouxinol, por detrás desse aprisionamento em um rouxinol, está a feiticeira. Para um relacionamento real isto poderia significar que os dois apaixonados vivem uma intensa relação de simbiose um com o outro e que por causa disto, porque esse "aspecto mágico" do amor é tão desejado e também expressa demais um anseio – aqui um anseio temporal –, a mulher é elevada, é estilizada às alturas como um rouxinol. Então é claro que a mulher se torna "sobre-humana" – e não humana, não mais alcançável. E então o homem é imediatamente petrificado, ele não pode agir, ele não pode trazer de volta sua Jorinda, o relacionamento se rompe.

Nós também podemos ver esses rouxinóis como as muitas "almas belas", que não têm mais nada a ver com a vida real – e que atraíram com sua magia muitos homens do Romantismo e que com isto também os tiraram da realidade[8].

A simbiose se transformou em separação. Jorindo foi libertado de seu estado de petrificação por meio de uma fórmula mágica – nesta versão do conto a feiticeira se interessa apenas pelas donzelas, no entanto existe uma outra versão na qual as donzelas pastoreiam as ovelhas e os jovens têm de permanecer em poder da feiticeira. O que significa o fato de Jorindo ter se tornado pastor de ovelhas? Em primeiro lugar, ele protege as ovelhas sozinho. Ele tem de aceitar a separação. Guardar, tomar conta, proteger significa conservar alguma coisa intacta; de fato os heróis dos contos guardam a si mesmos, eles juntam suas forças vitais. Isto também é revelado na imagem de que ele sempre caminha em torno do castelo da bruxa – é claro que não tão perto: ele parece circundar o problema, ele se concentra. Ao mesmo tempo, guardar também é um ato de introversão: ele se torna consciente de si mesmo. Esse ato de autoconsciência está associado a uma grande tristeza que ele suporta.

E finalmente uma noite ele tem o sonho libertador: ele sonhou que encontrara uma flor vermelho-sangue que trazia em seu meio uma pérola grande e bela. E que com ela ele podia quebrar o encanto. Isto poderia ser a descrição de um processo terapêutico: Jorindo lida com

---

8. Hymnen an die Nacht. In Staiger, E. (orgs.) (1968). *Novalis, Gedichte, Romane*. Manesse.

seu problema, ele o analisa em todos os seus lados, e nisto se esforça, para reunir suas forças, para guardá-las, para observá-las – e um dia ele tem um sonho, que lhe sugere a solução do problema. A imagem do sonho também valoriza o centro da flor, o seu meio.

O que poderia representar a flor vermelho-sangue? No vermelho-sangue se coloca a paixão e o sofrimento, o sangue, a corporeidade. A flor representa muitas vezes nossos sentimentos, Eros. A flor vermelha representa o sentimento apaixonante do amor, o sentimento físico também, porém agora associado à pérola branca. A flor vermelho-sangue estabelece a ligação com Jorinda que agora, como pássaro, usa um anelzinho vermelho. A pérola é tida por nós como algo muito precioso, como alguma coisa perfeita; para os místicos, ela é o símbolo da iluminação, o símbolo do encontro de uma unidade entre o divino e o humano. A pérola se desenvolve de forma concêntrica, e se ela é um símbolo de iluminação, então de uma iluminação que cresce bem devagar. O crescimento da pérola pode ser associado à caminhada de Jorindo em redor do castelo. Na união da flor vermelha com a pérola branca, eu vejo o sentimento da associação do amor físico e do amor místico, que ele agora recebeu como vivência. Agora o fascínio do amor não precisa mais paralisá-lo – ele o encontrou e vivenciou em si mesmo. Por causa disto o poder da bruxa foi eliminado.

Quando a feiticeira liberta Jorindo, ela diz a seguinte frase obscura: "Quando a lua brilhar na gaiolinha, liberta,

Zaquiel..." Não fica claro a que esta sentença se refere, mas a partir da imagem a gente poderia estabelecer uma associação entre a lua na gaiola e a pérola no meio da rosa vermelho-sangue. Portanto, para que Jorindo possa reencontrar sua Jorinda, é preciso que aconteça dentro dele mesmo uma união dos opostos.

Ora, mas isto foi apenas um sonho. Jorindo começa imediatamente a buscar aquilo que ele viu em sonho, na realidade – agora ele aprendeu a "ver". Ele encontra uma flor com a gota de orvalho, sinal de que amanheceu, de que a noite do sofrimento acabou. Que ele tenha identificado a pérola na gota de orvalho parece me indicar que ele pode reconhecer o fundo transcendental através do real, que ele pode vê-lo. E agora a feiticeira não pode mais prejudicá-lo; aquilo que somente ela incorporou e que faltava a ele, ele agora tem. Agora, até muito mais: ele está centrado em si mesmo, ele encontrou seu centro – e por esse motivo ele agora pode ir buscar sua Jorinda. Ela não precisa mais ser para ele o rouxinol – ele agora experimentou por si mesmo a vivência mística, Jorinda não precisa mais substituí-la para ele. Agora é possível construir um relacionamento real. A bruxa não pode mais se aproximar dele, ela perdeu o poder sobre ele – e também sobre Jorinda e sobre os outros sete mil rouxinóis.

Neste conto trabalhamos com a paixão simbiôntica entre duas pessoas – embora a paixão sempre tenha em si mesma alguma coisa simbiótica –, que aqui nesta história se expressa especialmente no fato de que os dois possuem nomes semelhantes. A história acontece em uma situação temporal, na qual o feminino instintivo e a sabedoria feminina – naturalmente mesclada à mística da natureza – ainda estão nas profundezas da floresta, mas aparentemente exercem uma grande e irresistível atração. Se sucumbirmos a essa atração, ou seja, se essa intuída, esperada e temida esfera de sentimentos é totalmente transferida para a mulher, que afinal provocou a tempestade de sentimentos, então a relação não será mais possível; o homem se petrifica, a mulher se transforma em um rouxinol. A forma humana lhe é roubada, ela não pode mais reagir como uma pessoa.

Para sair da simbiose, o caminho de Jorindo, mesmo que ele também tenha sido enfeitiçado pela bruxa, mas não esteja preso para sempre, consiste em chegar a si mesmo. Ele precisa suportar a separação, reconsiderar constantemente suas forças, a questão da perda e do domínio da feiticeira, que provocou essa perda. Ele precisa refletir sobre o que o fascinou tanto e que não apenas lhe roubou toda a autonomia como também sua Jorinda, a quem ele tanto amou.

Como indivíduo, ele precisa voltar-se para seu mundo interior – e então lhe será informado em um sonho aquilo que desfaz o feitiço. O sonho revela que ele encontrou em si mesmo um sentimento forte: amor físico e amor espiritual; ele pode vivenciar como unidade o pressentimento de que há nisso alguma coisa transcendental. Suas necessidades simbiônticas estão agora transferidas para uma experiência de transcendência. Aquilo que antes havia se manifestado como gata e coruja em um grau de consciência muito distante, agora lhe é acessível como vivência. Cresceu lentamente como experiência e assim a feiticeira perdeu o poder sobre ele e sobre Jorinda. Penso que essa história revela claramente que em um relacionamento simbiótico – se o entendermos como um relacionamento de parceiros, como é seguramente representado neste conto – quem deve dar o primeiro passo de desenvolvimento é aquele que estiver menos paralisado pela situação simbiótica e que então surgirá uma nova situação para os dois.

2
Encontrar o outro

O Cavaleiro Verde: o anseio pelo outro

Houve uma vez um rei que era viúvo e possuía uma única filha. Existe um velho ditado: "A dor da viuvez é como uma pancada com o cotovelo; dói, mas passa logo". E assim ele se casou com uma rainha que tinha duas filhas.

Essa madrasta também não era muito melhor do que todas as madrastas; ela era má e cruel com a enteada.

Depois de algum tempo, quando as princesas já estavam crescidas, irrompeu uma guerra e o rei precisou partir para lutar pelo país e pelo reino. As três filhas podiam desejar alguma coisa que o rei lhes traria, tão logo o inimigo tivesse sido vencido. As enteadas puderam expressar seus desejos antes da filha. Então, a primeira pediu uma rodinha de fiar dourada, tão grande, que pudesse ser colocada sobre uma moeda de oito xelins. A outra pediu uma arvorezinha de maçãs douradas, tão grande, que pudesse ser colocada sobre uma moeda de oito xelins. Era isto que elas queriam. Essas coisas não eram úteis nem para fiar, nem para colher; não eram úteis para absolutamente nada. Mas sua própria filha pediu-lhe apenas que ele cumprimentasse o Cavaleiro Verde.

O rei foi para a guerra, venceu-a, e então ele comprou aquilo que havia prometido às enteadas. Aquilo que sua própria filha pedira foi totalmente esquecido. – Como ele havia ganhado a guerra, foi realizado um banquete em honra de todos os que o auxiliaram. De repente, ele vê o Cavaleiro Verde no banquete e, ao vê-lo, lembrou-se do desejo e então ele o saudou em nome de sua filha. O cavaleiro lhe agradeceu pelo cumprimento e lhe deu um livro que se parecia com um livro de cânticos, cuja capa podia ser afivelada e fechada à chave. O rei deveria dar esse livro à sua filha. No entanto, ele não poderia abri-lo e mesmo ela só poderia fazê-lo quando estivesse sozinha.

O rei voltou para casa ao término da guerra e dos banquetes. Ele nem bem havia passado pela porta, quando suas enteadas o rodearam e perguntaram por aquilo que ele lhes havia trazido. Sim, ele trouxera os dois presentes. Porém, sua própria filha se conteve e não perguntou nada. E o rei também já havia esquecido do livro. Todavia, um dia, quando ele se preparava para sair, vestiu mais uma vez o casacão que usara durante o banquete. E quando colocou a mão no bolso para pegar seu lenço, ele achou o livro. Agora ele o entrega à filha e diz que deveria saudá-la e que o livro fora enviado a ela pelo Cavaleiro Verde e que ela só deveria abri-lo quando estivesse sozinha.

À noite, sozinha em seu quarto, ela abriu o livro e então ouviu uma melodia que era tão linda como jamais ela ouvira outra igual, e então o Cavaleiro Verde apareceu. Ele disse que esse livro fora feito de tal forma que, quando ela o destrancasse, ele viria até ela, não importa onde ela estivesse, e que quando ela o trancasse novamente, ele desaparecia no mesmo momento.

Algumas vezes, à noite, quando estava sozinha e em paz, ela abria o livro e o cavaleiro sempre vinha até ela. Eles se viam com muita frequência. Porém, a madrasta metia seu nariz em tudo, e lhe pareceu que alguém estivesse lá dentro com a princesa, e ela contou imediatamente ao rei. Mas ele não quis acreditar; ele precisava ver isto com os próprios olhos, e a rainha deveria lhe mostrar. Uma noite eles estavam do lado de fora em frente à porta e escutavam e lhes pareceu que alguém lá dentro estivesse falando. Porém, quando eles entraram, não havia ninguém lá. "Com quem falavas?", perguntou a madrasta de forma dura e ríspida. "Não havia ninguém aqui", disse a filha do rei. "Mas, eu ouvi muito claramente", insiste a rainha. "Eu ainda estava lendo meu livro de orações". "Mostra-me" disse a rainha. "Bem, mas isto não é outra coisa além de um livro de orações e isto ela tem de poder ler", disse o rei. No entanto, a madrasta continuou acreditando que havia alguém no aposento da princesa. Ela fez um buraco na parede e ficou à espreita. Uma noite, ela ouviu que o cavaleiro estava lá. Ela abriu violentamente a porta e entrou como o vento no quarto da enteada. Mas esta havia *fechado o livro bem rápido, e o cavaleiro foi embora no mesmo instante. No entanto, mesmo que ele tenha desaparecido depressa, a madrasta viu seu vulto e teve certeza de que alguém estivera lá.*

Então aconteceu que o rei precisou fazer uma longa viagem. Imediatamente a madrasta mandou cavar um buraco profundo na terra e lá dentro mandou construir uma casa. Nas paredes ela mandou colocar pó para ratos e outros venenos poderosos, para que nem mesmo um rato pudesse entrar. Ela pagou bem ao pedreiro e este foi obrigado a lhe prometer que deixaria o país. No entanto, ele não fez isto. Ele permaneceu na região. A filha do rei foi levada lá para dentro com sua camareira, e a entrada foi fechada de tal forma que só restou um pequeno buraco para passar-lhes as refeições. Agora elas estão aqui embaixo, muito tristes, e o tempo se torna para elas cada vez mais longo. Então ela se lembrou de que trouxera o livro. Ela o pegou e o abriu. Primeiro ela ouviu a mesma melodia bonita, que ela sempre ouvia, mas depois uma lamentação e então apareceu o Cavaleiro Verde. "Eu devo morrer daqui a algum tempo", ele disse, e então ele conta que a madrasta misturara um forte veneno à argamassa das paredes e que ele não sabia se conseguiria sair de lá com vida. Quando ela precisou fechar o livro novamente, ouviu o mesmo som triste de lamento.

Mas a camareira que estava com ela possuía um amado. Ele recebeu uma mensagem que lhe dizia que deveria ir até o pedreiro e lhe pedir para aumentar o buraco de tal forma, que elas pudessem sair. Por esse serviço, a filha do rei lhe pagaria tão bem, que ele teria bastante para o resto de sua vida. E ele realmente fez isto. Elas escaparam de lá e foram viajar por países estranhos, e em todos os lugares em que chegavam, a filha do rei e a camareira perguntavam pelo Cavaleiro Verde.

Depois de muito tempo, elas chegaram a um castelo que estava todo coberto de negro. E quando elas quiseram subir até lá, caiu sobre elas uma pancada de chuva, que fez com que a filha do rei procurasse proteção sob a parte coberta ao redor da igreja. Debaixo desse telhado ela pretendia esperar que a chuva diminuísse. Enquanto ela estava lá, chegaram um homem idoso e um jovem, que também procuravam proteção contra a chuva. Porém, a princesa recuou para um canto, de modo que não foi vista.

"O que aconteceu, para que o castelo do rei esteja coberto de negro", perguntou o jovem. "Tu não sabes?", disse o velho, "O príncipe que mora lá em cima está mortalmente doente; antigamente ele era chamado de Cavaleiro Verde". E então ele contou como isto ocorreu. Depois de ouvir, o jovem perguntou se não havia ninguém que pudesse fazer com que ele recuperasse novamente a saúde. "Não, a única maneira de salvá-lo seria a presença da jovem donzela, que vive na casa debaixo da terra; ela precisa vir até aqui, colher ervas medicinais no campo, cozinhá-las em leite açucarado e banhar o corpo do príncipe três vezes com essa mistura". E então ele especificou todas as ervas que trariam de volta sua saúde. A princesa ouviu tudo e prestou muita atenção para não esquecer nada. Ao voltar para a casa,

ela logo foi para o campo e para a floresta, colheu e juntou pela manhã e à noite todas as ervas que precisava cozinhar. Então a filha do rei comprou para si mesma um chapéu e uma roupa de médico, subiu até o castelo e se ofereceu ao rei para curar o príncipe.

Não, nada mais poderia ajudar, disse o rei, muitas pessoas já haviam tentado, mas ele só piorara em vez de melhorar. Ela não se deu por satisfeita e prometeu ao rei que ele certamente melhoraria e até mesmo muito breve. Ela conseguiu convencer o rei e, afinal, recebeu sua permissão para tentar. Ela entrou no quarto do Cavaleiro Verde e o banhou pela primeira vez. Quando voltou no dia seguinte, ele já estava passando tão bem, que já podia sentar-se na cama. Então ela o banhou pela segunda vez e no dia seguinte ele já podia caminhar na sala. Aí ela o lavou pela terceira vez, e nos dias seguintes ele estava saudável como um peixe na água. Ele já poderia sair para caçar, disse o médico. Então o rei ficou feliz como um pássaro em dias ensolarados e agradeceu ao médico. Mas o "doutor" queria ir para casa. Lá ela tirou o chapéu e a roupa de médico, enfeitou-se e preparou uma refeição.

Ela abriu o livro, e então soou a mesma bela e alegre melodia de outrora e, de repente, surgiu o Cavaleiro Verde. Ele se surpreendeu, quis saber como ela tinha chegado até seu reino, e ela lhe contou tudo que aconteceu. Depois que os dois comeram e beberam, o cavaleiro subiu com ela até o castelo e contou ao rei toda a história do começo ao fim. Então eles se casaram e houve uma grande festa, e ao final eles viajaram para a terra dela. Seu pai ficou muito alegre ao vê-la. Mas a madrasta foi presa e colocada dentro de um barril com pregos que foi atirado morro abaixo[9].

Este é um conto que vem do folclore norueguês. Nele nós temos uma filha muito ligada ao pai. Por esse motivo, na história é preciso que a filha se liberte, para poder se dedicar a um outro homem. Isto pode ser entendido como uma relação exterior ou como um passo para o desenvolvimento, o que provoca que seu complexo do eu não permanece preso ao complexo do pai; isto significa que ela se tornará independente, descobrirá aquilo que quer, quem é ela mesma.

Esse sistema familiar, do qual a filha precisa sair, é agora mais uma vez mostrado através de um problema muito especial: ele é dominado por uma marcante falta de relacionamento. A frase: "A dor da viuvez é como uma pancada no cotovelo; dói, mas passa logo", é uma frase muito cínica. A esposa morta é então também logo substituída. Assim, a filha não só precisa se libertar do pai como também trabalhar seu déficit de relacionamento. Somado a isto, no início da história, temos rapidamente a impressão de que existe muita intranquilidade na família, o que no conto se expressa no fato de que o rei precisa partir para a guerra. Possivelmente, isto significa que a

---

9. Der grüne Ritter (1965). In *Norwegische Märchen* (Vol. I). J.C. Mellinger.

intranquilidade no lar é logo projetada no mundo, é um acontecimento político mundial e que o ir-para-a-guerra é a ilustração disso. Mas também é possível que isto signifique simplesmente que a intranquilidade impera nesse sistema e que o conflito é necessário.

Agora que essa intranquilidade se coloca claramente, que o rei vai para a guerra, torna-se visível um pouco de relacionamento: as três filhas podem pedir que ele lhes traga algo ao voltar para casa. Os desejos são muito importantes nos contos de fadas – e também na vida, pois com os desejos aumentamos nosso espaço vital; o desejo é uma autodefinição sobre o futuro. O que eu quero ter, o que seria bom para mim, afinal o que eu desejo na vida? Com os desejos nos projetamos no futuro. O desejo não é simplesmente alguma coisa irreal ou expressão de ambição, mas sim realmente uma ampliação do espaço vital.

O que as filhas querem? O narrador ou narradora – eu não sei quem contou a história – não se cansa de dizer que as duas primeiras filhas desejam alguma coisa muito desprovida de sentido e que somente a primeira filha com a saudação ao Cavaleiro Verde expressa um desejo razoável. Em contos semelhantes, podemos encontrar desejos bastante insensatos tais como um vestido maravilhoso, ou simplesmente joias etc. Em nossa história, eu tenho a sensação de que os desejos simbolizam muito mais do que o anseio pela "vida resplandecente".

A rodinha de fiar nos faz lembrar que os fios da vida precisam ser tecidos, que o destino precisa tomar seu curso. Macieiras com maçãs douradas nos lembram mais uma vez as maçãs das Hespérides. No entanto, nossa árvore no conto já não produz mais maçãs douradas; o símbolo da fertilidade eterna, que está associado à deusa do amor, já não existe mais, e até mesmo a árvore na qual essas maçãs crescem está doente ou mesmo morta.

A árvore é um dos símbolos mais significativos. Ela é muitas vezes comparada ao ser humano: ela fica de pé como um homem, cresce, floresce, dá frutos e os perde, fenece. Ela está ligada ao ritmo das estações do ano. Com frequência a árvore é também símbolo de toda a humanidade: enraizada no solo, espalhando-se pelo mundo; assim como a humanidade ela deseja alcançar o céu e, dessa forma, une o subterrâneo ao celestial. Nesse aspecto a árvore fornece uma interpretação para a existência humana: crescendo, correspondendo aos ritmos das estações do ano em constante mudança, o homem deve ligar sua origem ao celestial; ele deve unir o terreno ao celeste. Enfim, aqui são expressos desejos modelares de uma vida feliz e de amor.

A terceira filha pede ao pai para transmitir saudações ao Cavaleiro Verde. Ela evidentemente tem um desejo de relacionamento; nós também poderíamos dizer: aquilo que é manifestado nos desejos das duas primeiras filhas – e estes são também aspectos de sua personalidade – se expressa de forma mais concreta em seu desejo de relacionamento, em seu anseio pelo Cavaleiro Verde, o qual nos parece muito misterioso. Trata-se aqui da personificação de um estranho misterioso. Esses estranhos misteriosos fascinam e apavoram, eles são representações do anseio por algo totalmente diferente.

Afinal, que aparência tem o Cavaleiro Verde? Nós vemos a cor verde em associação com a germinação, com a transformação, com os estádios iniciais – como quando falamos dos verdes anos da adolescência. O verde não só é a cor da natureza, a cor do crescimento natural, como também é a cor daquilo que ainda não está maduro; e, além disso, ainda existe um verde venenoso.

Na mitologia egípcia, Osíris é chamado o Verde, quando ele é o deus da ressurreição, o que também se refere à primavera. Nós podemos compartilhar isto, pois na Europa Central nós também associamos a cor verde e os primeiros brotos verdes à primavera, ao desabrochar da natureza, a uma nova esperança. A cor verde também pertence a Mercúrio, que é tido como o deus da natureza – e verde também é a cor do espírito na natureza, o poder do transformar-se, mas também a força do vegetativo, essa força, que associamos tão facilmente ao erótico. Mercúrio é considerado como o Verde – e nos contos muitas vezes o diabo também. Esse poder verde, como Hildegard von Bingen o chamaria, o poder que existe no tornar-se, que tem muito a ver com o erótico, com a sexualidade, com o crescimento, com o transformar-se em geral e que é uma necessidade vital em todas as suas modalidades, também foi por nós muitas vezes demonizado. Por esse motivo, de vez em quando o diabo também é chamado o Verde.

Portanto, nesse Cavaleiro Verde se concentra não só a expectativa por aquilo que é totalmente diferente, a ele se associa em geral muita espera por alguma coisa nova, por vida nova, por nova vitalidade, por novo Eros, por nova força vital, na qual primeiro a esperança e o medo se equilibram na balança.

No entanto, este desconhecido não é tão diferente assim, porque parece que o pai o conhece. Portanto, ele poderia ser uma parte do pai que se tornou estranha. Vistos a partir da psicologia feminina, esses desconhecidos misteriosos têm muitas vezes alguma coisa a ver com o lado paterno, com o lado que ele não viveu ou que viveu esporadicamente. A isto se combinaria o fato de que o pai constantemente esquece o que lhe foi pedido, ele esquece a filha, o Cavaleiro Verde, e então ele esquece o livro de orações. Foi uma sorte ele ter vestido o mesmo casaco, pois do contrário esse livro de orações teria simplesmente se perdido!

O desenvolvimento da *animus*, e é disto que trata a aproximação do Cavaleiro Verde, tem alguma coisa a ver com nosso complexo do pai, tanto nos homens quanto nas mulheres, mas também tem algo a ver com a libertação e com a fascinação pelo totalmente diferente.

É interessante que o Cavaleiro Verde, a quem nós colocaríamos muito mais no domínio verde do vegetativo, dá ao pai um livro de orações ou um livro de cânticos. É evidente que nesse cavaleiro se comprimem duas diferentes e grandes áreas da vida: o verde está associado à natureza, também à natureza do homem, à sua sensibilidade total, que vai além da sexualidade e que naturalmente a engloba, mas também àquilo que foi demonizado, porque não combina totalmente com o pensamento cristão. E é exatamente esse Cavaleiro Verde que entrega o livro de cânticos ou de preces. Quando nós o abrimos, também foi aberto, evidentemente, o Cavaleiro Verde. Aqui é aberto um espaço interior. Portanto, poderíamos dizer que através de uma devoção convencional esse anseio pelo totalmente diferente, por esse verde, que é levemente proibido, é permitido. Por meio de sua relação com o religioso espiritual, que ela como filha do pai tem de fato, primeiro ela sente em si mesma uma emoção muito sutil – a bela melodia que ressoa –, que mostra uma abertura para a transcendência, que a leva a um sentimento cheio de expectativas – e então se desperta nela a fantasia do Cavaleiro Verde[10]. Eu vejo a abertura do livro como a entrada em uma fantasia muito ativa com esse Cavaleiro Verde. Ela o imagina em sua fantasia; aqui ela tem um espaço secreto, aqui ela tem alguma coisa própria, uma fantasia maravilhosa com leves tons eróticos.

Essa situação também poderia ser transportada para um relacionamento no qual existe muito pouco contato concreto e real, no qual, em vez disso, uma quantidade enorme de fantasia e de anseios substitui o inexistente

---

10. KAST, V. (1988). *Imagination als Raum der Freiheit – Dialog zwischen Ich um Unbewusstem*. Walter.

encontro real. Eu disse que o verde, essa reflexão cheia de vida, essa meditação vital e plena de natureza, se coloca em certa contradição com o livro de orações. Isto porque essa fantasia é em si mesma ambivalente: por um lado sagrada, mas por outro lado provavelmente bastante sacrílega, pois eu não posso imaginar que nós fiquemos apenas conversando com um Cavaleiro Verde. Aqui a experiência religiosa e a experiência erótica chegam juntas e isto naturalmente faz surgir a consciência pesada: isto não é realmente possível.

A consciência pesada é representada nesse conto pela madrasta, que representa claramente a função de controle e defesa. Ela perfura realmente. Ela personifica a consciência pesada e perfurante, as autocensuras, os sentimentos de culpa, do tipo: "Eu não devo mesmo ter nada de bom, e aquilo que eu tenho não posso mesmo realmente ter". Aqui o complexo da mãe, em seu efeito negativo, torna-se totalmente visível: "De fato, você não tem nenhum direito de existir e, se você estiver bem, então você não pode realmente estar bem". Esta é uma consequência monstruosamente trágica do complexo da mãe em sua implicação negativa: o sentimento de que não poderíamos estar bem, de que não temos nenhum direito à existência.

O conto nos diz que uma postura dessa natureza envenena toda a situação. Essas autocensuras, esse martelar e esse pensar que não nos cabe nenhum direito à existência, tudo isto envenena lentamente o espaço interior.

No início, existe pelo menos o pai que protege sem muita participação interior; mas a filha também tem em si mesma porções de personalidade que lhe foram estimuladas pelo pai e que lhe asseguram um direito à vida, e também uma própria esfera de vida. Esse lado incentivador de vida é representado na sequência do conto pela camareira que, além disso, também representa e simboliza o saudável e prático raciocínio humano.

Mas então o pai tem de viajar. Isto é um contratempo conhecido nas histórias: sempre que precisamos dos pais com urgência, eles viajam. No conto, isto também tem um sentido que podemos entender psicologicamente: quando se investe em um relacionamento com um desconhecido misterioso, então o pai não pode mais ser tão importante, porque do contrário esse estranho misterioso permaneceria sempre mesclado ao pai, ou o desenvolvimento seria interrompido. Ou seja, o desenvolvimento para fora do complexo do pai, que através do anseio pelo misterioso desconhecido é introduzido pela própria psique como passo desenvolvente, não seria iniciado.

Existe uma segunda razão para a ausência do pai: para não receber uma identidade derivada, para não se tornar uma filha que é determinada em sua identidade pelo complexo do pai e pelos pais, o confronto com o complexo da mãe é necessário. Com o complexo da mãe como ele se mostra nesta situação, neste aspecto bastante envenenado. Nós também podemos imaginar isto de maneira bem prática: sempre que falhamos na construção de fantasias cheias de vida, porque elas por algum motivo não são totalmente aceitáveis, tornamo-nos facilmente destrutivos. Para mim a destrutividade está claramente associada ao bloqueio da criatividade.

O conto mostra que a filha agora precisa enfrentar o poder destrutivo do complexo da mãe para poder encontrar sua própria identidade, para que ela possa então se relacionar com esse desconhecido misterioso. O confronto com o efeito destrutivo do complexo da mãe a conduz a esse buraco profundo na terra, pelo menos: um buraco na terra. Existem situações comparáveis nos contos de fadas, nas quais ela não vai parar em um buraco na terra, mas sim em uma montanha de vidro ou uma montanha. O pai, nessas histórias, tem uma relação com a filha ainda menos intensa do que em nosso conto. À imagem do buraco na terra – tão apavorante quanto essa imagem possa ser – se impõe, no entanto, o pensamento de que ela chegou ao fundo, particularmente ao fundo do problema, e de que ela não está simplesmente acima do problema, separada, em um espaço sem ar, e que por esse motivo não poderia absolutamente enfrentá-lo. Mas essa casa que foi construída no buraco está terrivelmente envenenada. Se essa casa é um símbolo de sua personalidade[11] no estado atual, então ela estaria isolada, certamente deprimida, uma pessoa que parece fechada, trancada, "murada", "emparedada" e provavelmente não deve lançar

---

11. AMMAN, R. (org.) (1987). *Traumbild Haus*. Walter.

pouco veneno no exterior. Esse estar emparedada não é um estado tranquilo, nem para as pessoas que se emparedaram, nem para as pessoas que precisam estar ao seu redor. Tão terrível quanto isto possa parecer, trata-se de um confronto necessário consigo mesmo, como pessoa envenenada e envenenadora.

Finalmente a filha se lembra outra vez do livro de cânticos – e este é o primeiro passo para sair dessa depressão: ela se lembrou que houve uma vez algo fascinante em sua vida. Porém, é exatamente essa lembrança que a faz cair em profundo desgosto. Ouvimos o grito do cavaleiro, a expressão de grande perigo. Ela deve ter tido a sensação de ter destruído aquilo que lhe restou de mais amado. Agora ela está bem consciente de que envenenou tudo. Se entendermos a invocação do Cavaleiro Verde como uma fantasia de vida bem-sucedida, que está ligada a Eros e à espiritualidade, então agora essa fantasia também está envenenada. Ela agora talvez perceba, pela primeira vez, o que fez durante todo o tempo. Um intenso autoconhecimento como ponto mais profundo da depressão. Esse ponto mais baixo será agora ultrapassado: ela suportou o sofrimento, ela se intimidou com o veneno, e o Cavaleiro Verde na velha forma de sua juventude também precisa morrer, precisa se transformar, mas ele não precisava ser assim tão terrivelmente envenenado.

Agora a camareira e seu amante entram em cena: alguma coisa nova é introduzida. A camareira e seu amante são como Pamina e Papageno, na *Flauta Mágica*, o casal bufão. Eles são o primeiro casal nesse conto que, de fato, tem uma relação. A camareira e seu amante simbolizam possibilidades concretas de superação da vida e despertam a esperança de relacionamento, mesmo que se tenha acabado de vivenciar a separação do Cavaleiro Verde; eles representam poder fazer aquilo que a gente pode fazer – quando como filha – tem um positivo complexo de pai. Nesse casal poderiam simplesmente também estar representados instintos profundos de sobrevivência. Às vezes nos sentimos infinitamente mal e, de repente, percebemos que nosso corpo quer caminhar, ou que nosso corpo quer comer etc., muito embora pensemos que não queremos absolutamente nada mais, que não desejamos mais nada da vida. Parece que nós dispomos desses instintos básicos de sobrevivência e então por fim também seguimos essas visões de uma vida melhor. Esses instintos vitais dizem à filha que ela tem de deixar finalmente essa situação de vida, procurar e encontrar o Cavaleiro Verde. Ela tem de admitir que ela era extremamente agressiva e venenosa.

O pedreiro pode ajudar. Aliás, ele é a única pessoa na história que opôs resistência à madrasta. Ele deveria ir para um outro país, mas ele não o fez. Todas as porções da personalidade, que não estão sob a dominância do envenenante complexo da mãe, possibilitam a abertura para uma vida que não está mais sob a preponderância desta mãe.

Mas, para que isto seja bem-sucedido, temos de nos separar, partir para descobrir novas coisas. A filha e a camareira deixam o velho sistema com o objetivo de reencontrar as fantasias centrais de vida e inseri-las na vida, e a filha também quer assumir a responsabilidade pelo veneno. Ela quer deixar para trás o envenenado e o envenenante. Agora a questão é a cura.

Depois de muito tempo – podemos pensar que as duas mulheres andaram por lugares muito distantes e que com isto tiveram de enfrentar a natureza – elas chegam ao castelo coberto de negro, o sinal visível de tristeza e de depressão, que agora é manifesto e por isso também é acessível. A pancada de chuva – nos contos de fada, a chuva sempre desfaz a tensão – a impele para debaixo do alpendre da igreja. Lá ela escuta o que deve ser feito. Enquanto anteriormente o lado religioso e o lado verde estavam em certa oposição, visto também de forma coletiva, aqui agora é fornecido, através dos dois homens que conhecem o infortúnio do Cavaleiro Verde, o remédio que permite sua cura, uma primeira ligação entre esses lados opostos. No espaço da igreja são mencionados os remédios da natureza, que podem socorrer o Cavaleiro Verde. Como a filha foi moldada por um positivo complexo do pai, o masculino pode ser novamente útil, as porções masculinas podem lhe transmitir ideias sobre aquilo que deve ser feito: procurar ervas. Ela precisa recolher na mãe terra as ervas que têm o poder de curar e cozinhá-las em leite adoçado. O leite é o alimento fornecido pela vaca, que é em si um símbolo da grande mãe, doadora de fertilidade e alimento. Nos contos de fadas, com o leite é possível cortar o efeito do veneno. Ao procurar as ervas medicinais e cozinhá-las no leite, ela se move no domínio da grande mãe doadora da vida – um domínio oposto ao domínio da mãe envenenadora. Ou seja, ela precisa encontrar em si mesma lados que sejam revigorantes e não envenenadores. Ela parte em uma busca amorosa, ela pensa saudavelmente no cavaleiro, não mais de forma envenenante. Ela vivencia a si mesma como uma mulher que pode curar e não somente envenenar. Isto lhe dá a sensação de uma nova identidade. Somente agora, depois de ter encontrado em si este lado curador, ela pode realmente se relacionar com o lado envenenante – se quisermos ver o Cavaleiro Verde como seu próprio lado interior que se expressa em fantasias.

Em termos de relacionamento, em uma situação que está tão envenenada, nós também deixaríamos o veneno atuar sobre a relação com o homem concreto. Afirmações do tipo: "Os homens só querem uma coisa", "Eles são apenas...", "Mas isto é tudo...", "Nós não podemos absolutamente querer tudo isto", mostram que pode ocorrer uma projeção "envenenada" do *animus* sobre o homem. A projeção do próprio lado masculino envenenado sobre o homem concreto tem de cessar. De maneira intrapsíquica precisamos parar de nos identificar com o ser envenenado, mas isto também significa, que precisamos renunciar a muito poder. Ser uma verdadeira injeção de veneno também concede muito poder. Como pessoas venenosas podemos acabar com os outros – infelizmente com isto também acabamos totalmente conosco. Nós precisamos nos responsabilizar por essas destilações de veneno; nós devemos abandonar o vício de destilar veneno.

Agora, ao lavar o homem o relacionamento se torna concreto. Quando lavamos um homem, não podemos deixar de perceber seu corpo. Isto significaria que, como nova mulher, ela se aproxima realmente de um homem, percebe-o de forma individual, também trata de sua pele, este órgão de contato e relacionamento. Agora ele não é mais apenas a imagem do Cavaleiro Verde, mas sim uma pessoa de carne e osso e, por esse motivo, ele também recupera a saúde. Chegar até ele vestida com chapéu e roupa de médico é uma adequação à situação. Como curandeira ela provavelmente teria sido posta para fora do castelo. Isto também está associado à época na qual o conto foi escrito.

A cena final é bastante interessante – é praticamente a repetição do início: ela se embeleza, serve a comida; isto é novo e mostra que as necessidades físicas podem existir agora. Então ela pega mais uma vez o livro de orações, abre-o e de novo aparece o Cavaleiro Verde. Ele é o ente da paixão, que no encontro com o homem concreto pode reproduzir a imagem interna do fascinante desconhecido. Com isto, esse homem concreto não é apenas um homem concreto, nele também podem ser reconhecidos e vivenciados lados desconhecidos e misteriosos. A divisão – aqui um homem para a vida prática, lá um homem para sonhar – é anulada quando é possível a projeção da imagem interior dominante sobre um homem concreto. Neste caso estamos apaixonados – assim nos dizem os contos de fadas.

Nos contos, as pessoas atuantes sempre precisam falar de como tudo aconteceu. Elas precisam se conscientizar do que ocorreu, do que levou ao infortúnio e do que novamente conduziu à felicidade.

O pai do Cavaleiro Verde está feliz como um pássaro em dia de sol – uma descrição estranhamente bela para a alegria de um rei; quase não se narra que os reis podem se alegrar tanto. Esse rei esteve muito triste e agora também pode se alegrar. Ele se coloca em uma relação e também a leva a sério – aqui em associação ao Cavaleiro Verde também se ganhou uma nova qualidade paterna.

Nessa história também existe uma ligação paterna considerável. Mas dentro dessa ligação paterna a problemática de ser envenenado ou envenenar foi eliminada. A filha do rei superou mais do que apenas esse lado madrasta dentro de si mesma. Esse lado madrasta que não lhe permite nada e que por isso mesmo a gente pode enfiar no barril de pregos – esse lado deve ser eliminado de forma enérgica. A filha do rei também se uniu ao seu lado curandeira.

Cenas finais como a desse conto sempre nos parecem muito brutais; ao fim, estamos desestabilizados. Talvez isto também seja necessário e importante, porque com elas podemos nos distinguir do conto. Mas nosso problema me parece ser o seguinte: porque se exerceu tanta violência contra as mulheres no decorrer da história, nós não podemos mais pensar simbolicamente nessas cenas de violência. No entanto, não é sensato que exatamente aqui nós paremos de pensar simbolicamente. Nós precisamos estar muito atentos a qualquer exercício de violência contra as mulheres, mas em geral também contra as pessoas e a natureza. Por isto, precisamos entender a cena final desse conto também de forma simbólica: o próprio lado madrasta, que nos envenena a todos, e que, portanto, também nos torna envenenantes, tem de ser por nós energicamente impedido de continuar a viver, ele pode morrer realmente – e se possível ressuscitar como alguma coisa melhor.

A fascinação pela paixão e a fascinação pelo amor estão associadas ao fato de que a imagem do desconhecido misterioso, da desconhecida misteriosa ou mesmo do misterioso casal desconhecido, se constela na própria psique e pode ser projetada também sobre o parceiro ou sobre a parceira. Essas projeções despertam mais uma vez imagens semelhantes na psique individual – partes "desconhecidas", que estimulam a esperança de poder ser "totalmente diferente" são animadas. Esperança de mudança para além de tudo aquilo que se tornou – através do amor.

Essas imagens interiores do desconhecido ou da desconhecida misteriosa ou ainda do misterioso casal desconhecido são imagens que despertam interesse e existem de forma consciente para a maioria das pessoas; e provocam fantasias semelhantes. Elas são coloridas pelas relações com os pais, pelas relações com os irmãos, pelos amores anteriores que tivemos. Esse estranho misterioso, que traz para a nossa vida exatamente aquilo que nos é desconhecido, aquilo que é totalmente diferente, nos fascina e também nos apavora. Se o desconhecido nos fascina, então queremos encontrá-lo; caso contrário nos defendemos. Muitas vezes as pessoas que personificam essas imagens são tão assustadoras, que preferimos fugir novamente para o familiar. Isto significa, tendo em vista os relacionamentos, que nós preferimos ter uma relação, na qual não sejamos questionados, mas sim uma relação bem fraternal, na qual o habitual domine sobre o desconhecido. Mas então existe pouca fascinação no amor e não é raro que repentinamente apareça um estranho misterioso ou uma desconhecida misteriosa em um relacionamento habitual desse tipo.

Uma fascinação assim precisa ser trazida para a vida; fascinação e relacionamento vivenciado podem vir a se unir como no conto do Cavaleiro Verde ou no conto *O Peregrino*.

O Peregrino: a procura pela parceira

Era uma vez um rei que tinha dois filhos. Um dia, o mais velho entrou furtivamente no aposento do pai – embora isto lhe houvesse sido proibido – e lá, ele viu em um quadro a mais linda princesa que uma pessoa já pudesse ter visto. O príncipe ficou parado em frente ao quadro e não se saciava de olhar para a imagem. Porém, não se passou muito tempo e o velho rei chegou. Ele ficou enfurecido e mandou que o príncipe saísse. E por mais que o filho pedisse e implorasse para que lhe falasse quem seria ela e em que reino moraria, o pai não lhe revelou nada.

Enquanto o velho rei viveu, o príncipe nunca mais pôde falar da bela filha de rei retratada no quadro; no entanto, quando o pai fechou os olhos para sempre, o príncipe mandou chamar todos os magos e todos os sábios do país. Eles tinham de contemplar o quadro e então dizer o que este significava. Mas todos os esforços fracassaram, ninguém sabia nada a respeito do quadro, até que finalmente um velho mago se apresentou diante do jovem rei e falou: "A princesa que procurais mora em um reino muito distante daqui. Lá ela foi escondida pelo pai em um castelo no fundo do lago. Se quiserdes chegar até ela, então mandai construir uma embarcação que possa viajar na terra e na água, pois do contrário não conseguireis chegar ao país".

"E de que maneira eu chegarei ao castelo encantado debaixo da água?", perguntou o rei.

"Isto precisareis preparar com astúcia", disse o mago. "Mandai fazer um órgão de manivela, com um carneiro dourado à frente. Mas o órgão precisa ser feito de forma tão artística, que possais se esconder dentro dele, enquanto vosso irmão conduz o cordeiro dourado pelas rédeas e se apresenta diante do pai da princesa."

A conversa agradou bastante ao jovem rei, e, depois que ele recompensou o bruxo, ele mandou vir todos os construtores de navios e de órgãos e todos os ourives. Eles tinham de construir para ele uma embarcação que pudesse ser conduzida na água e no solo, e um belíssimo órgão de manivela com um cordeiro dourado. Essas pessoas precisaram de um bom tempo para trabalhar nisso, mas, depois de passado um ano, elas finalmente terminaram. Depois que o realejo com o cordeiro dourado à frente foi trazido para a embarcação o jovem rei sentou-se ao leme, enquanto seu irmão soltava as velas, e lá se foram eles sobre terra e sobre mar, até que chegaram ao reino do qual o velho mago tinha falado. Lá eles ancoraram e se esconderam.

O rei rastejou para o interior do órgão, enquanto seu irmão, o príncipe, pegou as rédeas do cordeiro dourado. O príncipe parou diante do palácio do rei e tocou o realejo e ele soou tão bonito, que todas as pessoas correram para lá e ouviram a música. O velho rei também olhou pela janela, e, quando ele avistou o magnífico realejo com o cordeiro dourado, ele acenou para o tocador, para que este viesse até ele.

"Bom amigo, quanto custa o realejo?", perguntou o rei, "eu quero presenteá-lo à minha filha!"

"Ah, meu caro rei", respondeu o príncipe, "O realejo não está à venda. Eu estou habituado à aguardente, e se vós me derdes muito dinheiro na mão, logo eu o terei bebido junto com companheiros alegres e eu não terei mais como ganhar dinheiro e ficarei sem sustento. Mas assim eu vou

de aldeia em aldeia e de cidade em cidade e aqui alguém me dá uma moeda de três centavos e acolá um vintém e eu tenho o suficiente para sobreviver".

O rei teve de compreender isto, mas como ele gostaria tanto de ter possuído o órgão, ele perguntou ao tocador se este não poderia emprestar-lhe o realejo por três dias, porque ele queria mostrá-lo à sua filha. O príncipe concordou com isto e, enquanto ele desfrutava das hospedarias mais caras da cidade, à custa do rei, o velho rei conduziu o cordeiro dourado através do jardim do castelo e cada vez mais longe, até que chegou finalmente a um grande lago.

À margem do lago havia um arbusto, do qual o rei quebrou um galho verde; com o galho ele bateu três vezes na água e disse em todas as batidas: "Água, transforma-te em terra!" Assim que ele falou essas palavras pela terceira vez, a água se dividiu e uma ampla alameda, que levava ao fundo do lago, se tornou visível. O rei puxou o veículo ao longo desse caminho, até que ele alcançou um grande castelo. A princesa estava sentada à janela, tocava harpa e também cantava, o que a consolava de sua solidão. Ao ver seu pai, ela lhe gritou: "Paizinho, não esquecestes de meu aniversário e me trazes um presente tão lindo, para que eu tenha um alento aqui no castelo alto nas profundezas abaixo da água?"

"Minha querida filha", disse o rei, "Esse realejo eu quero somente mostrar-te. Eu não posso presenteá-lo a ti, porque seu dono não o coloca à venda nem por todos os tesouros do mundo".

"Se tu não podes me dar o órgão, então não deveria mostrá-lo a mim", respondeu a princesa, e bateu com força a janela em sua cara e o deixou de pé no lado de fora. O velho rei sentiu-se ofendido e, sem refletir, deu-lhe às costas e voltou para a superfície com o veículo. Ao chegar lá em cima, ele bateu três vezes com o pequeno ramo na terra e disse: "Terra, transforma-te em água!"

Logo depois a massa de água, que se erguia de cada lado como um muro, se juntou e, até onde os olhos podiam ver, não havia mais nada além de água. Depois disto, o rei escondeu o ramo no arbusto e apressou-se para que pudesse regressar ao palácio com o órgão. Lá o tocador recebeu sua propriedade de volta e foi com ela para uma hospedaria. Ao chegar, ele abriu a tampa e ajudou o jovem rei a sair. Assim que saiu, ele contou ao irmão o que ocorrera e pediu-lhe para preparar a embarcação e levar para dentro dela o cordeiro dourado com o realejo, pois enquanto isto ele queria libertar a princesa.

E isto ele fez da seguinte maneira: seguiu furtivamente pelo jardim do palácio até a campina verde no lago. Lá ele procurou no arbusto pelo pequeno galho e bateu com ele três vezes na água e disse: "Água, transforma-te em terra!"

Então a água se dividiu, e o caminho apareceu. Ele percorreu a alameda, tão depressa quanto seus pés puderam carregá-lo, e então não demorou muito tempo até que ele estivesse diante do castelo. A filha do rei estava mais uma vez sentada à janela, tocava harpa e cantava. Ela era de *uma beleza tão excepcional, que o jovem rei não se atreveu a dizer nenhuma palavra. Finalmente ele encontrou ânimo, chamou a princesa pelo nome e lhe perguntou se ela gostaria de vir com ele, pois ele queria libertá-la da prisão. De início, a princesa se assustou ao olhar o homem desconhecido; mas como ele tinha uma aparência bonita e lhe prometera libertá-la, ela não se fez de rogada, pegou sua harpa e foi ter com ele fora do castelo. Então eles se deram as mãos e caminharam de volta até a margem do lago. Ao chegar, o jovem rei bateu com o galho de arbusto três vezes e exclamou: "Terra, transforma-te em água!"*

E logo depois o lago estava novamente inundado. A seguir, o jovem rei correu com a princesa até a entrada da cidade, onde seu irmão já esperava por ele no barco. Os dois subiram rapidamente na embarcação que partiu sobre terra e areia, sobre lagos e rios e sobre o oceano agitado, até que chegaram à cidade, da qual o jovem rei era senhor. Lá eles desceram da embarcação e, como o irmão do rei há muito tempo gostava de uma jovem da vizinhança, os dois irmãos festejaram noivado e casamento em um mesmo dia e viveram felizes e satisfeitos por um longo tempo.

No entanto, a mulher do irmão se sentia muito incomodada com a jovem rainha, pois ela invejava sua beleza e seu poder. Todas as manhãs, quando eles se levantavam, e todas as noites, quando eles iam se deitar, ela dizia ao ouvido de seu marido: "Por que teu irmão, o rei, tomou como esposa a moça da harpa?", e ela tanto o incitou, que afinal o jovem príncipe não pôde mais gostar de sua cunhada.

No entanto, em um país distante, um sultão poderoso também possuía um quadro da bela princesa da harpa. E então ele ouviu de seus emissários que a princesa, que vivia escondida debaixo da água, fora roubada. Ele ficou muito enfurecido com isto, equipou seus navios e cruzou todos os mares para encontrar a princesa. Enquanto ele espreitava com seus navios de guerra diante da cidade do jovem rei, os dois irmãos empreendiam um passeio com sua extraordinária embarcação, que andava tão bem na terra como no mar. Eles chegaram com ela até o lago, mas, depois de navegar algumas milhas, os navios do sultão os atacaram e eles foram vencidos e enviados para a Turquia[12]. Lá, o navio foi levado para a sala de tesouros, mas os dois irmãos foram feitos escravos e precisavam executar os trabalhos mais duros. Enquanto isto, a jovem rainha esperava em vão que seu marido voltasse do passeio. Ela esperou um dia e mais outro dia, mas quando no terceiro dia o barquinho também não atracou, ela vestiu uma roupa de peregrino, pegou sua harpa e se decidiu a vagar pelo grande mundo afora, para procurar seu marido. Contudo, ela ainda nem bem havia chegado à beira do mar, quando foi rapidamente agarrada pelos homens do sultão e – apesar de toda sua resistência – foi arrastada até ele. Em seu apuro, ela pegou a harpa, tocou suas cordas e cantou:

---

12. Este conto vem da Pomerânia. Nos contos de fadas pomeranos, a Turquia é citada muitas vezes. Porém, neles a Turquia representa o país totalmente desconhecido, que é muito longe, que só pode ser alcançado depois de longas e cansativas viagens.

> *O que te falta meu coração, para que batas*
> *desta forma dentro de meu peito?*
> *O que te faz ficar tão agitado, dentro de mim?*
> *Por que bates com tanta força?*
> *E por que à noite me tiras o doce sono?*
>
> *Mas eu bem sei a causa, eu tenho apenas de*
> *perguntar a mim mesma,*
> *o céu agora tem vontade de torturar assim*
> *meu coração,*
> *as ondas da infelicidade se abatem sobre mim,*
> *eu flutuo cheia de medo sobre um oceano*
> *bravio.*

O sultão ouviu a canção e para ele foi como se tivesse escutado um anjo, de tão bonito que o Peregrino cantara.

Por isto ele disse ao Peregrino: "Não tenhas medo, meu filho, eu não farei nenhum mal a quem pode cantar tão bonito. Mas agora toma tua harpa e canta mais uma canção!"

Aí o Peregrino fez as cordas soarem mais uma vez e cantou:

> *Meu coração se escondeu em um aposento*
> *de melancolia,*
> *todo meu espírito está cheio de desassossego;*
> *eu quase não me reconheço, eu vivo sem paz,*
> *a sorte é minha inimiga e me vira as costas.*

As lágrimas corriam sobre a barba do sultão e ele disse: "Querido Peregrino, a sorte não é tua inimiga, tu deves encontrá-la comigo. Vem comigo, eu vou voltar para o meu *reino, lá tu deverás ser minha companhia predileta e deverás ficar ao meu lado o dia todo. Aquilo que quiseres que aconteça, acontecerá, se tocares tua harpa para mim todos os dias e me alegrares com teu canto".*

E o Peregrino concordou com isto.

Um dia, ao passear pelo jardim do sultão, ele viu de repente o jovem rei e seu irmão desnudos a puxar o arado. Um servo os impele ao trabalho árduo e bate tanto neles com o chicote, que seu sangue vermelho escorre para a terra. O coração do Peregrino quase se partiu ao ver essa cena e ele tomou sua harpa e cantou:

*Eu estive há pouco tempo em um jardim,
lá eu vi muitas flores de vários tipos,
e entre elas eu vi uma rosa se abrir,
e não desejo nada mais, do que levá-la comigo.*

*Tu nobre rosa, tu, mesmo que teus espinhos me furem,
e que com isto tu quisesses partir meu coração,
mesmo assim, por amor, eu suportaria os ferimentos com prazer,
mas me permita ver teu rosto de longe.*

Mas os dois príncipes não prestaram atenção à canção. A canga era muito pesada e eles temiam novas chibatadas. O Peregrino que não queria ser reconhecido foi embora. No *portão, ele olhou mais uma vez para trás e cantou ao som da harpa:*

> *Agora eu tenho de sair muito aflito deste jardim,*
> *e ninguém me pergunta por que eu estou triste.*
> *Mas aquele que sabe não deve zombar,*
> *pois do contrário eu lhe desejaria que também passasse por isto.*

A seguir ele voltou para o castelo.

Depois de algum tempo, aconteceu que o sultão deveria comemorar seu aniversário. Nessa ocasião ele tinha o hábito de realizar o desejo daquele que fosse o primeiro a dar-lhe os parabéns. Isto era do conhecimento de todos no reino e assim cada um tentou ser o primeiro a encontrar o sultão naquela manhã para que ele realizasse seu desejo mais profundo. Porém, desta vez, eles estavam muito mal orientados, pois o Peregrino dormia em frente ao aposento do sultão. Por isso ele também foi o primeiro a desejar ao sultão uma vida longa, felicidade e bênçãos pelo seu aniversário. O sultão se alegrou muito com isto e pediu ao Peregrino que expressasse um desejo, que seria concedido, não fosse ele o sultão. Aí o Peregrino falou bem depressa: "Benévolo sultão, então eu vos peço que os dois príncipes que têm de puxar despidos o arado lá embaixo no jardim sejam trazidos para o castelo como vossos criados e que sejam tratados como filhos de gente nobre".

"Meu filho", disse o sultão veemente, "tu expressastes teu pedido, e eu tenho de satisfazê-lo. Mas eu preferiria dar de presente metade de meu reino, a trazer estes homens sanguinários para o meu palácio!" Contudo, não havia mais nada que pudesse ser mudado. Os dois príncipes foram trazidos para o castelo como serviçais e se alegraram, por estarem livres do trabalho duro. Todavia, apesar desse pedido, o Peregrino com seu belo canto continuou a cair nas graças do Sultão, e acabou por se tornar um dos mais poderosos em todo o reino.

Então, quando um dia o sultão partiu em viagem, o Peregrino mandou chamar os dois príncipes diante dele e falou: "Eu quero presentear-vos a liberdade. Aqui está a chave para a sala do tesouro! Vinde comigo, eu vos darei o navio que se move tão bem na terra como no mar!"

Aí os dois príncipes se jogaram aos pés do Peregrino, pois eles não o reconheceram. Mas este os levantou, foi com eles até a sala do tesouro e lhes deu a embarcação. Eles embarcaram e depois de terem lhe agradecido mais uma vez e prometerem jamais esquecer sua compaixão, soltaram as velas e conduziram o navio sem descanso sobre terra e areia, sobre rios e lagos e sobre o mar violento, até que conseguiram alcançar seu reino. Sua chegada trouxe grande alegria e foi comemorada com uma festa pomposa.

"Onde está minha mulher?", perguntou o jovem rei.

"Em que lugar ela poderia estar?", respondeu a perversa cunhada. "Ainda não havia transcorrido três dias de *vossa ausência, e ela não se conteve mais no castelo. Ela pegou sua harpa e desceu até a praia. De lá ela partiu pelo mundo afora e toca com outros harpistas em casamentos e em feiras. Mas por que tomastes como esposa uma tocadora de harpa? Não foi à toa que ela foi colocada pelo pai no castelo encantado no fundo do lago!"*

Essas palavras atravessaram o coração do jovem rei como facadas, porque ele acreditou na mulher má, e ele que havia amado tanto a princesa, ah, tanto, e agora ele se viu traído. E ele jurou a si mesmo que a deixaria queimar na fogueira, se ele a tivesse novamente nas mãos.

Enquanto isso, o Peregrino não esperou até que o sultão voltasse de sua viagem, fugiu do castelo em segredo e então caminhou com sua harpa em direção ao reino do jovem rei. Contudo, no caminho, ele foi acolhido piedosamente por um navegante, porque podia tocar tão bem, e não demorou muito até que o navio lançasse âncoras no porto da cidade, na qual o jovem rei reinava. Feliz, a princesa desceu à terra e arranjou um vestido bonito; então ela despiu a roupa de peregrino e a colocou junto com a harpa em um baú. Ao chegar ao castelo, ela correu para os aposentos do rei e quis abraçá-lo. Mas ele quase não reconheceu sua esposa e a enxota com os pés para longe de si, de tal forma que ela perdeu os sentidos e caiu desmaiada ao solo. E quando ela novamente voltou a si, estava em um calabouço lúgubre e sujo, que não era iluminado nem pelo sol, nem pela lua. Ela permaneceu lá dentro durante três dias e então ela foi levada à praça de execuções, na *qual o rei lhe deu a sentença. Ela deveria ser queimada na fogueira como andarilha e como bruxa, pois seus crimes foram muito grandes. A cunhada sorri e se rejubila, pois agora ela seria a rainha do país. Mas a princesa chorou e perguntou a seu marido se ele não queria lhe conceder um último pedido, como ocorre com todo criminoso. Isto o rei não lhe queria negar e então ela disse que gostaria de poder pegar sua harpa e tocar uma última melodia. O carrasco precisou acompanhá-la, mas quando ela voltou com ele, o rei e seu irmão não acreditaram em seus próprios olhos. Aquela não era mais a princesa, mas sim o Peregrino, que os libertou da escravidão. Este, porém, dedilhou a harpa e cantou:*

> *Tu não reconheces o Peregrino, a quem repudias deste jeito,*
> *aquele que tanto se arriscou por ti, que tu agora estás salvo.*
> *Liberto da escravidão, trazido de volta à antiga honra,*
> *Esta é a recompensa por todo esforço, pelo sofrimento e pela privação?*
>
> *Ah, se eu não tivesse chegado tão perto de ti, o espinho não teria ferido meu coração assim.*
>
> *Meu espírito apaixonado e arrojado me trouxe a este ponto,*
> *estou ferida e totalmente desprezada.*

Adeus, querido esposo, tu não te lembras?
As lágrimas escorriam pelo meu rosto.
Assim que te vi pela primeira vez,
Eu te amei tanto, mas o amor estava cheio
de sofrimento.

Enquanto o Peregrino cantava, os dois príncipes não puderam conter as lágrimas e, quando ele chegou ao fim da canção, o jovem rei caiu a seus pés e pediu com voz suplicante:

Agora meu coração se partiu em pedaços,
como eu pude desprezar tanto a ti, imagem
da alma?
De que maneira eu devo receber-te?
Diante de ti, caio sobre meus joelhos cansados
e beijo teus pés, minha amada, perdoa-me!

Sim, e como a jovem rainha o perdoou. Ela o levantou, abraçou-o e a reconciliação foi comemorada. Mas a cunhada malvada, que com seu falatório malicioso provocara todo o infortúnio, teve a fogueira como punição, e por mais que tenha gritado foi apanhada pelas chamas.

A partir daí o jovem rei viveu feliz e satisfeito com sua esposa e com seu irmão durante toda sua vida, e se eles não tiverem morrido, vivem assim até hoje[13].

---

13. Der Pilger. In ULRICH, J. (1891). *Volksmärchen aus Pommern und Rügen* (pp. 168-175).

Analisemos por um momento com que problema a procura pelo amor, a busca pelo outro, pela parceira, está associada neste conto. É evidente que estamos lidando com um sistema – e isto pode ser visto de maneira coletiva como o espírito da época, ou também como postura de uma família, ou como postura de um indivíduo –, no qual o feminino é idealizado ou desvalorizado. Nós esperávamos que o príncipe pudesse ter encontrado no quarto do pai a mãe ou uma concubina. Mas não, ele encontra um quadro, tão belo, que ele não conseguiu mais se libertar dele. A mulher é por um lado uma imagem maravilhosa, idealizada, enaltecida e, por este motivo não individual, ou por outro lado exilada no fundo do lago como a filha do rei.

A ausência do feminino neste conto é tão normal, que nem mesmo é citada uma única vez. Normalmente, ouvimos no mínimo à margem, porque não existe nenhuma mãe – mas nesta história nada é dito a esse respeito. Trata-se aqui de um sistema de poder claramente androcêntrico, um sistema de poder, que é muito orientado nos homens e que atribui somente a estes uma importância real. Nós também temos a impressão de que esses jovens príncipes têm um dominante complexo do pai e que eles ainda estão claramente sob o domínio do pai. Sim, porque o pai também põe o filho mais velho para fora sem cerimônia, quando ele entrou em seu quarto, e também não lhe dá nenhuma informação a respeito da questão de quem seria essa belíssima mulher. Provavelmente ele não pode dar nenhuma informação, mesmo que ele quisesse, porque ele mesmo não sabe quem é ela.

A procura pela parceira é influenciada por uma origem, na qual o masculino é extraordinariamente dominante e o feminino é desvalorizado e reprimido, ou idealizado, ou ainda tudo isto junto, porque a idealização é uma forma de repressão. Nós podemos manter pessoas distantes de nós ao idealizá-las e, com isto, fazê-las não pessoas, mesmo que excelentes. Observado de forma intrapsíquica, teríamos aqui diante de nós um homem jovem, em cuja vida os valores masculinos dominam muito, e embora os valores femininos sejam muito idealizados, no fundo não são permitidos na vida cotidiana.

A fascinação transforma a situação. A imagem da jovem no quarto do pai fascina o príncipe, lhe dá a sensação de ter encontrado o que há de mais belo no mundo, e também o que de mais importante existe no mundo. Essa imagem é para ele a imagem do desconhecido misterioso. Isto é muito evidente: ele precisa questionar, ir atrás dessa fascinação pelo estranho misterioso. Entretanto, antes de tudo, sua ligação com o pai se coloca em seu caminho. Somente quando o pai morre, quando sua morte sucede como uma libertação, é que ele pode seguir seu objetivo.

Mas isto não é fácil, porque os velhos sábios ou magos também não sabem de quem se trata; somente um sábio muito, muito velho conhece a solução. Temos a impressão de que se trata aqui de um problema muito antigo – poder permitir que a mulher seja mais do que apenas uma imagem fascinante, com a qual não temos de construir nenhum relacionamento.

O velho sábio aconselhou a construir uma embarcação que se movimentasse na água e na terra. Se imaginamos um navio assim, então é uma embarcação que pode se mover em toda parte terrivelmente rápido, uma espécie de embarcação anfíbia, ainda mais rápida. Um navio que quase pode voar sobre a terra e a água e que personifica uma dinâmica que pode ultrapassar fronteiras e que pode conviver com "água e terra". A água e a terra ainda continuam sendo para nós os símbolos para o inconsciente e o consciente. Construir um navio como este significa então atingir um modo de pensar que, aparentemente, envolve sem esforço aspectos do consciente e do inconsciente – isto é condição para chegar a essa imagem fascinante.

Nós conhecemos da mitologia os "carros-navio" que são os veículos de Dioniso. Dioniso vem das profundezas do mar – quase como a princesa –, seus navios se transformam então em carros-navio e com eles ele viaja sobre a terra até as montanhas. Seu caminho inspira a ir buscar nas profundezas aquilo que é possível ser buscado, e levá-lo então à terra, às pessoas para transformá-las. Esses carros-navio de Dioniso são decorados com videiras e carneiros e referem-se à embriaguez, à sexualidade e à vida indestrutível.

O navio que se move na água e na terra lembra este carro-navio: os príncipes têm de aprender agora, a ultrapassar suas fronteiras até então tão limitadas, que até aquele momento foram definidas pelo pai e pelos seus complexos do pai. Essas fronteiras são ultrapassadas quando se deixam compreender emocionalmente e também quando transportam essa emoção para a realidade, de modo que alguma coisa também é realizada. Por isto se trata aqui de ser dinâmico, de ser inovador, de acreditar no impossível, mesmo quando tudo é muito problemático. Porque modelados pelo positivo complexo do pai, os homens preferem aquilo que sempre foi válido, a continuidade, o conhecido. Mas também demorou algum tempo, até que essa embarcação fosse construída. Trabalhou-se nela durante um ano – e os anos nos contos de fadas podem ser longos. Isto significaria psicologicamente: eles precisaram de um ano para chegar a essa atitude; todas as estações do ano têm de ser vivenciadas; é exigido um grande esforço, mas a nova atitude foi adquirida. A fascinação, quando nos deixamos realmente tomar por ela, liberta de nosso psiquismo uma dinâmica vital que nos transmite a impressão de que então nos podemos tornar móveis e viver ultrapassando e pulando fronteiras.

Mas não deve ser construída apenas uma embarcação, também um realejo, com um compartimento para um homem, e puxado por um cordeiro, deve ser produzido. A princesa não pode ser obtida sem ardil. O artifício, segundo o modelo do Cavalo de Troia, é bastante conhecido nos contos e é sempre utilizado, quando se tem de evitar os olhos atentos de um pai-rei. Um exemplo bastante conhecido é o do belíssimo cervo, que foi colocado como "caixa de música" no quarto de uma princesa – para entretenimento. Dentro dele estava escondido um príncipe que, de fato, tem a capacidade de alegrar a princesa.

Em nossa história isto não acontece tão facilmente, mas a ideia do ardil é semelhante: os príncipes fingem poder mostrar alguma coisa muito estética, alguma coisa muito bonita – aparentemente sem nenhuma outra intenção, além do divertimento. As intenções estão ocultas. Com o realejo, os príncipes se mostram a partir de seu lado mais culto, comprometido com a estética e com a música, com a cultura da expressão dos sentimentos. Eles mostram que possuem tons, com os quais eles podem alcançar o coração das pessoas; e tudo isto está ligado ao princípio da beleza. O cordeiro diante do órgão de manivela ainda deveria acentuar, que o ato dos dois tem a ver com uma tarefa piedosa; bondosa e gentil, não é possível identificá-la com um rapto.

Existe uma atitude que principalmente os homens com complexo do pai podem de fato cultivar, quando alguma vez são fascinados pela imagem que fazem de uma mulher: eles se mostram espirituosos, estéticos, artísticos, engenhosos – o que eles também podem ser. Se ainda existem aí outras intenções, estas não são percebidas, mas, no entanto, elas são o conteúdo central de todos os esforços.

Todos os objetos que são produzidos no conto de fadas também são manifestações de mundos que a gente pode trazer para um relacionamento. Por isto, no fundo, esses dois príncipes têm um caráter muito afetuoso e afável.

Depois de um ano, o irmão iça as velas, o rei pega o leme. Os dois irmãos permanecem uma unidade. Com isto a história nos lembra também dos chamados contos fraternais, de uma história de dois irmãos[14]. Nessas histórias aparecem irmãos ou amigos que juram um ao outro se apoiar reciprocamente, que garantem um ao outro que a vida seja bem-sucedida. Se um deles fraquejasse, o outro o ajudaria. Este foi originalmente o sentido das irmandades de sangue. Em nossa história esse tema parece ter um certo papel. Na escolha da mulher podemos identificá-los como irmãos-sombra: eles têm o mesmo problema e solucionam esse problema juntos. Homens que possuem um dominante complexo do pai, mas com um efeito atencioso, também são mais solidários e não rivalizam muito, durante o período em que esse complexo do pai determina suas vidas.

A fascinação traz o velho sábio para o plano; a velha sabedoria da própria alma. Uma ideia convincente com considerações estratégicas é a consequência disto. A ideia é concretizada; através disto um procedimento extraordinário se torna realidade e, ao mesmo tempo, agora, pode ocorrer uma aproximação concreta da mulher. O relacionamento é procurado e já não é simplesmente apenas o quadro que fascina e leva ao sonho.

---

14. GEHRTS, H. (1967). *Das Märchen und das Opfer – Untersuchungen zum europäischen Brüdermärchen*. Bouvier.

Nós sabemos que a mulher está exilada no fundo do lago, no solo do lago. O pai tem o controle absoluto sobre o acesso à filha. Ele a escondeu no fundo do lago. Se ela está lá embaixo totalmente sozinha, então ela mesma tem de chegar ao fundo, então ela tem de chegar ao seu próprio íntimo. De fato ela também poderia se afundar lá embaixo, mas isto não acontece; desta forma ela encontrou uma base sustentadora e mais tarde se torna fundamentada em si mesma.

Nós sempre caímos na tentação de dividir os símbolos em "femininos" e "masculinos"; na verdade, não deveríamos ceder a essa tentação, pois ela implica uma perpetuação da cisão em masculino-feminino. Seria muito mais lógico ver masculino e feminino em seu efeito conjunto. Mesmo assim, eu não posso resistir à tentação de associar o fundo do lago com a bacia do lago e estabelecer a ligação com a bacia humana, ou seja, com alguma coisa que contenha o maternal.

A filha do rei está isolada, entregue a si mesma e, em um sentido muito mais amplo, talvez mais protegida do que estaria se estivesse sob a proteção de uma família: ela está protegida na natureza. Ela aprendeu a tocar harpa. Portanto, se estamos excluídos da vida androcêntrica como essa princesa no conto, podemos nos perder ou chegar a nós mesmos; não existe outra alternativa. Tocar harpa – o que ela aprendeu no fundo do lago – atravessa a sequência de toda a narrativa, como aquilo que provoca mudanças também nos outros. Os tons da harpa perolam como gotas de água. Com a harpa ela pode transmitir claramente seus sentimentos; em suas canções ela pode expressar de maneira diferenciada a emoção que aflora através da melodia e os temas de relacionamento através dos textos. No fundo do lago, ela aprendeu a perceber a si mesma, a se expressar individualmente. Ela simplesmente não caiu em uma depressão.

No dia de seu aniversário seu destino mudou. O dia do nascimento é o dia em que chegamos ao mundo. Através da comemoração do aniversário confirmamos o significado deste "entrar na vida", mesmo que não tenhamos sido perguntados se era isto o que queríamos. É como se nós posteriormente nos declarássemos de acordo com isto. Mas as pessoas que convivem conosco também nos atestam, em nosso aniversário, nossa existência e o direito de existir. Quando nos felicitam, elas nos asseguram que é bom que tenhamos nascido. Porém, os aniversários também são transições de vida muito pessoais ou, dito de outra maneira: nós fixamos nossas transições de vida nos aniversários.

No conto também existe uma transição de vida: entre o pai e a filha surgiu uma situação de separação. Ela diz zangada: "Se tu não podes me presentear o veículo, então não precisavas nem mesmo ter me mostrado". Ela não quer nenhuma promessa, ela quer algo concreto. E ele não diz nenhuma palavra, mas sim gira o veículo e vai embora novamente. Na relação entre pai e filha existe uma dinâmica um tanto agressiva, e a filha se mostra como bastante independente e autoconsciente, embora ela tenha sido exilada no fundo do lago – talvez ela tenha sido desterrada por esse motivo.

O objetivo de toda a ação com o realejo era descobrir o caminho para essa mulher – o pai revela o caminho para a filha muitas vezes. Assim como o pai encontra o caminho para chegar até a filha, o rapaz também acha o caminho para a filha – e aqui é o momento certo para isto.

O jovem rei seguiu pelo caminho que antes tivera sido feito pelo velho e encontra a filha do rei. Ele está mais uma vez encantado pela sua beleza, como naquela ocasião no quarto do pai. A beleza significa também um estar acima daquilo que é terreal, e ainda uma perfeição, uma promessa de vida bem-sucedida que se expressa nela. A filha do rei reagiu ao jovem rei de maneira bastante diferente. Ele promete liberdade. Ela de início se assusta. Então ela vê que ele tem um rosto bonito. Esta talvez seja a expressão de um primeiro enamoramento. Só então ela entende que ele quer libertá-la da prisão. Ela não é roubada, os dois se "reconheceram" lá embaixo. Os dois se acham maravilhosos, o agradar um ao outro e o apaixonamento brilham repentinamente; por este motivo a viagem de volta ao lar ocorre sem problemas.

Porém este não pode ser o fim da problemática: aquilo que através de um truque, mesmo que inteligente, foi tomado de alguém mais forte, precisa ser associado passo a passo à própria vida através do trabalho de relacionamento.

A mulher foi obtida. Se essa princesa é um símbolo de que as mulheres estavam banidas do sistema – agora elas foram trazidas de volta do exílio. A isto se combina que exatamente agora nós seremos confrontados com a existência de um outro tipo de mulher nesse sistema, por assim dizer um tipo de mulher comum: a moça rica da vizinhança que é extremamente invejosa. Invejosa do poder dos outros, invejosa da beleza dos outros. Ela é ressentida.

Nós sempre somos invejosos, quando gostaríamos de ser diferentes daquilo que somos, quando não concordamos com nossa identidade, quando pensamos não possuir uma identidade individual da qual poderíamos nos orgulhar. Poder exterior e egocentrismo devem então preencher o vazio interior que está ligado a essa falta de autoaceitação e autoajuda. É de se supor que ela também seja uma mulher que esteve e está sob a dominação desse masculino imperante, por este motivo ela deveria ser uma mulher que tem uma identidade derivada[15]. Aqui isto significa que ela então só se sente como mulher, quando os homens lhe confirmam que ela é uma mulher atraente. Ela deve sua identidade à atenção dos homens. Por causa disto ela também está em perigo se agora aparece uma mulher que é mais bonita – com isto ela perde sua autossegurança, precisa invejar, se torna destrutiva e autodestrutiva.

Em um sistema androcêntrico é tido como normal e desejável que as mulheres tenham uma identidade

---

15. KAST, V. (1991). *Los lassen und sich selber finden – Die Ablösung von den Kindern*. Herder (pp. 71ss.).

derivada. Já que apenas o homem é "valioso", é transmitido para as mulheres que, como mulher, ela é então "normal" e atraente, uma verdadeira mulher, quando ela é a mulher de um homem. Dessa forma ela também alcança um valor relativo. Mas ela pode ser a mulher de um homem, sem jamais ter encontrado sua identidade individual, que surge entre outras também do confronto com aquilo que foi moldado pela mãe e pelo complexo da mãe. Ela é então sempre dependente do reconhecimento dos homens – uma grande dependência. Porém, acima de tudo, ela precisa rivalizar porque qualquer outra mulher pode lhe tirar não apenas o homem, mas também seu direito à existência. Quando o homem, ou o pai, precisa confirmar constantemente a uma mulher que ela possui uma identidade, então é extraordinariamente importante que ela seja a primeira, a melhor, a mais bela; pois, se ela não for a primeira, possivelmente não receberá mais essa confirmação. As mulheres não rivalizam simplesmente: mulheres com esse tipo de identidade derivada rivalizam muito mais claramente – e com muito mais desespero – do que mulheres com uma identidade original, que criam muita solidariedade fraternal.

A moça rica da história está cheia de inveja e rivaliza de uma forma destrutiva[16]. O problema com o complexo do pai não foi experimentado nem pelas mulheres

---

16. KAST, V. (1991). Entwurzeln – Verwurzeln: Trauerprozesse bei Umbrüchen. In FFLÜGER, P.M. *Abschiedlich leben*: Umsiedeln – Entwurzeln – Identität suchen. Walter.

nem pelos homens. Isto também se torna claro quando o sultão aparece; o sultão, que tem o mesmo quadro e o venera. Pessoas diferentes podem ter as mesmas imagens fascinantes dos desconhecidos misteriosos. Isto está associado ao fato de que essas imagens não refletem nenhuma mulher em particular, em sua identidade, mas antes um tipo. Nesse conto o sultão pode também personificar o pai, e com isto mais uma vez colocar a questão de qual geração essa mulher pode receber e "ter", a geração do pai ou a geração do filho?

E "ter" ainda vem em primeiro lugar: o sultão, na verdade, se comporta como o pai; ele quer ter de volta a filha do rei sequestrada. Mas nós teríamos esperado que o pai pessoal dessa princesa ficasse enfurecido, quando a filha mais do que bem guardada lhe foi tomada. Mas não ouvimos absolutamente nada dele e, em vez disso, o sultão é introduzido, e este entra na história de forma extremamente dominante. Então, durante seu passeio, os irmãos logo caem nas mãos do tirano: o tirânico complexo do pai e de dominação começa a dominá-los mais uma vez. Isto significa naturalmente que os próprios irmãos também se tornam repentinamente tirânicos, que o poder é de novo muito importante em distinção da cultura dos sentimentos – nada mais de realejos e coisas assim. Isto não significa apenas que o exterior seja tão importante para eles, mas sim que eles, de maneira intrapsíquica, também caem sob o poder desse complexo tirânico. Agora ele precisa ser trabalhado na acepção mais autêntica da palavra.

Um exemplo para isto: homens que muito claramente são dotados de uma positiva ligação paterna, que realizam com prazer aquilo que os pais esperam deles, para que continuem a ser aceitos, permanecem bons filhos. No entanto, eles também podem ser muito presos pela fascinação do amor e do desejo; isto é aquilo que mais falta em seus sistemas paternos. Eles podem então ser muito românticos, e podem aproveitar muito disto, porque eles nunca tiveram isto. Eles começam a escrever poemas sentados à sua mesa no escritório etc. Porém, de repente, eles são assaltados por um medo terrível de se tornarem indolentes. Eles se culpam subitamente por terem feito tantos passeios. Tanto prazer só pode levar à perdição. Então todo o Romantismo se vai, e eles voltam a escrever poesias quando se aposentam, ou ainda mais tarde.

E então eles voltam a trabalhar muito, então eles estão novamente adaptados, então eles ficam sob o jugo. Até mesmo o relacionamento, que antes havia prometido tanta excitação, se transforma subitamente em uma opressão, em um trabalho duro. O relacionamento se torna então extraordinariamente difícil, o homem está totalmente mudado.

Uma possibilidade de viver com isto é vista apenas pela mulher, e em nosso conto é vivenciada pela moça rica: ela simplesmente espera em casa, até que todos finalmente voltem a aparecer, e projeta todos os seus sentimentos de prazer e seus desejos de prazer na moça da harpa. Mas a saída dessa situação é mostrada pelo caminho tomado pela jovem harpista. Ela acompanha, ela não se isola e diz, por exemplo: "Pois bem, se vocês querem trabalhar duro, que se danem, então eu vou me preocupar com roupas novas". Pelo contrário, ela acompanha e continua a expressar os sentimentos de tristeza que estão ligados a não mais estar emocionalmente em contato com o homem.

Mas, por que ela usa roupas de peregrino? Vestimentas de peregrino simbolizam coisas diferentes: para um peregrino o importante é a cura da alma. Isto significa que esse confronto com o sultão, com o representante do complexo do poder, também tem uma influência sobre a cura da alma da mulher. Além disso, com uma peregrinação a gente também sempre confirma uma determinada ordem mundial. Isto significa que agora é feita a tentativa de colocar tudo isto em ordem. Além disso, como peregrino, ela não é homem, mas também não é mulher – ela não está relacionada ao gênero masculino ou ao gênero feminino, mas sim a alguma coisa abrangente: a um processo de cura ou talvez até mesmo a algo sagrado.

Esse aspecto abrangente que, por assim dizer, é o tema da segunda parte da história, se desenvolve em muitos passos pequenos. Primeiro se demonstra o seu medo, sua tristeza. Quando ela expressou esses sentimentos cantando, o sultão pensou que ela seria um anjo, e esse tipo durão começa a chorar; as lágrimas pingam em sua barba. Também no sultão são despertados sentimentos, e ela se torna sua companhia preferida. Quando o sultão pensa ter um homem diante de si, isto não é totalmente tão errado. Pois a esses homens que são moldados pelo complexo do pai temos de provar, mesmo sendo mulher, que somos bons companheiros, pois de outra maneira não encontramos o acesso até eles. Se somos bons companheiros, então algum dia poderemos também ser uma mulher. O importante é que a princesa derreteu o sultão, o que mostra que nesse complexo do pai alguma coisa começa a se movimentar. Isto se expressa na ocorrência de uma diferenciação entre o sultão e os irmãos. Ou seja, ela vê o comportamento dominante do sultão e ela vê o oposto disto, os príncipes oprimidos. Portanto, ela não apenas vê, como esse homem se comporta sadisticamente dominante, mas também vê como ele mesmo é subjugado por uma força sadística dominante.

Mas ela gostaria – apesar da vestimenta de peregrino – de ser reconhecida, de estabelecer o relacionamento anterior. Ela não é vista, os homens não se deixam atrair, não se deixam tocar pela sua música. Eles têm de trabalhar, de se exaurir.

No aniversário do sultão, também se inicia para os irmãos uma transição: eles não são mais escravos, eles se tornam serviçais – e logo também são homens livres. A dominação desse complexo do poder do pai do tirano se reduz o sultão pode partir em viagem – ele não controla mais –, os príncipes vão para casa.

A volta ao lar, esse trazer para o cotidiano aquilo que foi aprendido, que foi conquistado, é difícil. Na vida diária também é sempre difícil realizar novas descobertas e atitudes. Com muita facilidade caímos de volta nos velhos e costumeiros modelos de comportamento. Aqui no conto esses modelos são simbolizados pela rica e invejosa moça da vizinhança que, como a única das figuras importantes do conto, não trabalhou em si mesma. Velhas atitudes e novas posturas estão em um conflito – e parece ser legítimo que as antigas posturas voltem primeiro a dominar mais uma vez, ou queiram dominar. Parece que um triunfo das forças regressivas se introduz, mas isto provoca uma tal reação das forças progressivas, que as velhas atitudes, que mais uma vez se revelam tão verdadeiramente, ao final são sacrificadas de forma definitiva.

Mesmo que os irmãos na Turquia tenham afirmado tanto que jamais esqueceriam a fidelidade do Peregrino, eles a esqueceram bem rápido. A cunhada invejosa difama a moça da harpa e o jovem rei – muito embora ainda agora mesmo tenha assegurado amar muito sua esposa – quer condená-la à morte. Traição é traição – e ele acredita na cunhada.

Para as pessoas que são modeladas pelo complexo do pai, os princípios têm uma grande importância. Tudo aquilo que o Peregrino pôs em movimento no sultão, essas delicadamente eróticas vibrações que foram estimuladas, tudo isto é esquecido. É uma recaída no velho molde. Mais uma vez o jovem rei inclinou-se à dinâmica da desvalorização total – ela não vale nem mesmo continuar a viver. Como bruxa e como andarilha, ela deve ser queimada. A mulher que tanto fascinara será agora – depois de ter fugido do controle do rei – chamada de bruxa e tratada como tal.

Mas a mulher não permite essa recaída. Fazendo valer seu direito, de poder expressar um último pedido, ela veste mais uma vez a roupa de peregrino – ela deve ter pressentido alguma coisa – e pega a harpa. Seu comportamento faz lembrar de casais que se esforçaram bastante mutuamente, mas que, por causa de uma recaída decisiva, parecem estar no fim da parceria; e então a mulher chega e diz: "Agora ouça, depois de tudo que já nos aconteceu, de tudo aquilo que passamos e que superamos juntos: você ainda é desconfiado, quando poderia ter total confiança". Aqui a princesa abordou mais uma vez o quanto esse jovem rei é desconfiado diante das mulheres – o avesso da idealização.

Assim como o peregrinou consegue derreter um pouco do coração do sultão, ela consegue agora o mesmo com seu marido. De repente, foi como se lhe tirassem uma venda dos olhos, quando ele percebeu que o Peregrino, a quem ele deve sua liberdade, e sua esposa, a quem ele queria tirar o direito de viver, são uma única pessoa. Agora, como consequência desse choque de reconhecimento, pela primeira vez o rei utilizou palavras de relacionamento. Ele fala que a desrespeitou, que foi injusto com ela, que ele lhe deve alguma coisa. Ele pode aceitar que também é dependente dela, que ele lhe deve sua liberdade interior, sua libertação do complexo do pai. Ambos devem algo um ao outro. As palavras de perdão também são expressas nesse conto sob a forma de canção. Aparentemente o rei agora também aprendeu a falar em versos. Ou seja, ele integrou alguma coisa do que a moça da harpa vivenciou. Mas isto também significa que nesse sistema androcêntrico com esforço e dificuldade a imagem de uma mulher fascinante por fim se tornou uma mulher real, concreta e individual e que nesse relacionamento se desenvolveu tanta coisa, que podemos admitir que a dependência mútua também faz parte do amor.

Visto de forma coletiva, a mulher tem agora um lugar importante no sistema dominante e a mulher invejosa, o modelo da mulher no velho e mais androcêntrico sistema, pode ser eliminada.

O jovem rei está agora – tomara – realmente relacionado à mulher, que também o fascina, em quem ele pode confiar, àquela que se envolveu com sua problemática.

3
Crescer um no outro

O forno de ferro: homem e mulher libertam um ao outro

Na época, em que desejar ainda ajudava, um príncipe foi amaldiçoado por uma velha bruxa a viver no bosque dentro de um grande forno de ferro. Ele viveu lá durante muitos anos e ninguém pôde libertá-lo. Certa vez chegou ao bosque uma filha de rei que havia se perdido e não conseguia encontrar de novo o reino de seu pai. Ela caminhou durante nove dias e, por fim, estava diante da caixa de ferro. De dentro dela veio uma voz e lhe perguntou: "De onde vens e aonde queres chegar?" Ela respondeu: "Eu perdi o reino de meu pai e não posso voltar novamente para casa". E então a voz que vinha do forno de ferro disse: "Eu quero ajudar-te a voltar para casa e isto em pouco tempo, se concordares com o que eu exijo. Eu sou um poderoso filho de rei e quero me casar contigo". Aí a filha do rei se assustou e pensou: "Amado Deus, o que eu vou fazer com um forno de ferro!" Mas como ela queria muito voltar para a casa e *para seu pai, ela acabou concordando em fazer o que ele exigira. No entanto, ele ainda disse: "Tu deves voltar, trazer uma faca e fazer um buraco no ferro". Então ele lhe deu alguém como acompanhante, que caminhou a seu lado e não falou nada, mas que a levou em duas horas para casa. Houve uma grande alegria no castelo quando a filha do rei retornou, e o velho rei abraçou-a e beijou-a. Mas ela estava muito triste e falou:"Querido pai, eu jamais teria saído da grande e selvagem floresta e voltado para casa se não tivesse encontrado um forno de ferro. Mas por seu auxílio eu tive de aceitar sua condição e agora eu devo voltar, libertá-lo e me casar com ele". O velho rei se assustou tanto que quase desmaiou, pois ele tinha apenas essa única filha. Assim, eles deliberaram e decidiram que a filha do moleiro, que seria bonita, deveria tomar o seu lugar. E assim eles a conduziram até o bosque, deram-lhe uma faca e disseram que ela deveria raspar com ela o forno de ferro. Ela arranhou o ferro com a faca durante vinte e quatro horas, mas não conseguiu produzir o menor arranhão. Quando o dia começou a surgir, de dentro do forno de ferro se ouviu: "Eu penso que é dia lá fora". E ela respondeu: "Eu também acho, pois penso ter ouvido a moenda de meu pai em movimento". "Ah, então tu és uma filha de moendeiro, então vai embora logo e deixa a filha do rei vir até aqui". Aí ela se foi e disse ao velho rei que aquele que estava lá fora não a queria, ele queria sua filha. O velho rei se apavorou, e a filha chorou. Mas eles ainda tinham uma bonita filha do criador de porcos, que ainda era mais bela do que a filha do moleiro, eles deram a ela uma moeda, para que fosse até o forno de ferro no lugar da filha do rei. Assim, a filha do criador de porcos foi levada ao bosque e também arranhou o ferro por vinte e quatro horas; mas ela também não conseguiu nada. Quando o dia raiou, ouviu-se de dentro do forno: "Eu acho que é dia lá fora"! E então ela respondeu: "Eu também, pois pensei ter ouvido a trompa de meu pai soar". "Ah, então tu és uma filha de criador de porcos, vai embora logo e deixa a filha do rei vir e diga-lhe que ela deve cumprir aquilo que prometeu, e que se ela não vier, tudo em todo o seu reino deverá ruir e cair e não restará nenhuma pedra sobre a outra". Quando a filha do rei ouviu isto, começou a chorar. Mas não havia outro jeito, ela precisava cumprir sua promessa. Então ela se despediu de seu pai, guardou a faca e foi até o forno de ferro no bosque lá fora. Assim que chegou, ela começou a raspar o ferro, e nem bem haviam se passado duas horas, ela já havia conseguido fazer um pequeno buraco. Então ela olhou lá dentro e viu um belo rapaz, ele resplandecia tanto a ouro e pedras preciosas, que lhe agradou à alma. Então ela continuou a raspar o ferro e aumentou o buraco até que ele pudesse sair de lá. Então ele disse: "Tu és minha e eu sou teu, tu és minha noiva e me libertaste". Ele queria levá-la ao seu reino, mas ela disse que gostaria de ver seu pai mais uma vez, e o filho do rei permite que ela vá, mas ela não deveria falar mais do que três palavras com o pai e então deveria voltar. Bem, ela foi para casa, mas falou mais do que três palavras. E então, no mesmo momento, o forno de ferro desapareceu e foi levado para bem longe, sobre montanhas de vidro e espadas cortantes; mas o príncipe havia sido libertado e não estava mais encerrado dentro dele. A princesa despediu-se de seu pai, levou consigo algum dinheiro, mas não muito, voltou para a grande floresta e procurou pelo forno de ferro, que não encontrou mais. Ela procurou durante nove dias, sua fome era tão grande que ela já não sabia mais o que fazer, pois ela não tinha mais motivo para viver. Quando anoiteceu, ela se sentou sobre o galho de uma pequena árvore e pensou em passar a noite ali, porque ela tinha medo dos animais selvagens. Então, quando a meia-noite se aproximou, ela viu ao longe uma pequena luz e pensou: "Ah, lá eu estaria salva", desceu da árvore e seguiu na direção da luz, mas ela rezou pelo caminho. E então ela chegou a uma casinha velha; havia muita relva em volta da casa e em frente uma pequena quantidade de lenha. Ela pensou: "Ah, como isto chegou até aqui?", olhou para dentro pela janela, e não viu nada mais além de rãs gordas e de pequenas rãs, e uma bela mesa com vinho e assado, e os talheres e taças eram de prata. Aí ela se encorajou e bateu à porta. Logo a seguir a rã gorda gritou:*

> Donzela verde e pequena,
> perna enrugada,
> cãozinho da perna enrugada,
> enrugue aqui e ali,
> veja depressa quem estaria lá fora.

Então uma pequena rã veio e lhe abriu a porta. Logo que ela entrou, todas lhe deram as boas-vindas e a convidaram a sentar-se. As rãs perguntaram: "De onde viestes? Aonde quereis ir?" Então ela contou tudo que lhe acontecera, e que porque ela não seguira a instrução de não falar mais do que três palavras, o forno teria desaparecido junto com o filho do rei. Agora ela queria procurá-lo, caminhar sobre montanhas e vales, até que o encontrasse. Então a velha rã gorda disse:

>Donzela verde e pequena,
>perna enrugada,
>cãozinho da perna enrugada,
>enrugue aqui e ali,
>*traga-me aqui a caixa grande!*

Então, a pequena rã foi lá dentro e lhe trouxe a caixa. A seguir lhe deram de comer e de beber e a levaram para uma cama grande e bem arrumada, que era como seda e veludo, onde ela deitou-se e dormiu em paz. Quando o dia amanheceu, ela se levantou e a velha rã lhe deu três agulhas que estavam na caixa grande; ela deveria levá-las consigo; elas lhe seriam úteis, porque ela teria de subir uma alta montanha de vidro e passar por três espadas cortantes e ainda por um grande lago. Quando ela superasse tudo isto, teria de volta seu amado. Então a velha rã lhe deu três peças, que ela deveria guardar com cuidado, e que foram três agulhas grandes, uma roda de arado e três nozes. E ela se foi com esses objetos. Quando chegou em frente da montanha de vidro, que era muito lisa, ela colocou as três agulhas debaixo dos pés e então novamente na frente e, dessa forma, conseguiu alcançar o topo e ao chegar ao cume ela pôs as agulhas em um lugar que guardou bem na memória. Depois ela chegou diante das três espadas cortantes; aqui ela se colocou sobre sua roda de arado e rolou sobre as espadas. Finalmente ela chegou diante de um grande lago, e, depois de atravessá-lo, a um castelo grande e bonito. Ela entrou e pediu um trabalho, ela seria uma pobre criada e queria muito oferecer seus serviços para ganhar algum dinheiro; mas ela sabia que o filho do rei, que ela libertara do forno de ferro no grande bosque, estava lá dentro. Assim, ela foi contratada como ajudante de cozinha por um salário baixo. O filho do rei tinha agora uma outra mulher a seu lado, com quem ele queria casar, pois pensava que ela já teria morrido há muito tempo. À noite, depois de lavar a louça e terminar o serviço, ela apalpou o bolso e encontrou as três nozes que a velha rã havia lhe dado, mordeu uma delas e queria comer a semente, mas veja só, lá dentro havia um vestido digno de uma rainha. Assim que a noiva ouviu falar da existência do vestido, veio até ela, segurou o vestido, quis comprá-lo e disse que esta não seria uma vestimenta para uma criada. Então ela disse que não queria vendê-lo, mas que a noiva do príncipe poderia tê-lo se lhe permitisse apenas uma coisa, e essa coisa seria dormir uma noite no quarto do noivo. A noiva lhe permitiu isto, porque o vestido era muito bonito e ela ainda não tinha um vestido assim. Quando a noite chegou, ela disse ao seu noivo: "A menina tola quer dormir em teu quarto". "Se tu estiveres satisfeita com isto, eu também estou", disse ele. Porém ela deu ao homem uma taça de vinho em que colocara um sonífero.

Assim, os dois foram para o quarto dormir e ele dormiu tão profundo, que ela não pôde despertá-lo. Ela chorou durante toda a noite e gritou: "Eu te libertei da floresta selvagem e do forno de ferro, eu te procurei e caminhei sobre a montanha de vidro, sobre as três espadas cortantes e sobre o grande lago, antes de te encontrar, e mesmo assim tu não queres me ouvir". Os criados que estavam sentados diante da porta ouviram como ela chorou durante toda a noite e, pela manhã, contaram ao seu senhor. E na outra noite, após terminar de lavar a louça, ela mordeu a segunda noz e lá dentro havia um vestido ainda mais bonito. Assim que a noiva o viu, também quis comprá-lo. Porém a moça não queria dinheiro e pediu mais uma vez para que a deixasse dormir no quarto do noivo. Mas a noiva mais uma vez lhe deu uma bebida que o fez dormir tão profundamente, que ele não podia ouvir nada. A ajudante de cozinha, porém, chorou durante toda a noite e gritou: "Eu te libertei da floresta selvagem e do forno de ferro, eu te procurei e caminhei sobre a montanha de vidro, sobre as três espadas cortantes e sobre o grande lago, antes de te encontrar, e mesmo assim tu não queres me ouvir". Os servos sentados diante do quarto ouviram como ela chorou durante toda a noite e, no dia seguinte, contaram ao seu amo. E na terceira noite após terminar o trabalho, ela mordeu a terceira noz e lá dentro havia um vestido ainda muito mais bonito, coberto de puro ouro. Quando a noiva viu, quis tê-lo, mas a moça só o daria a ela se pudesse dormir pela terceira vez no quarto do noivo. Porém, dessa vez o filho do rei teve o cuidado de não tomar a beberagem que o faria dormir. Quando ela começou a chorar e a gritar: "Meu mais querido tesouro, eu te libertei da floresta selvagem e do forno de ferro", o filho do rei levantou-se de um salto e disse: "Tu és a certa, és minha e eu sou teu". Nessa mesma noite ele tomou com ela uma carruagem e tomaram também os vestidos da falsa noiva que não podia se levantar.

Ao chegar ao grande lago, eles navegaram para o outro lado e, diante das três espadas, subiram na roda de arado e, diante da montanha de vidro, eles usaram as agulhas. Assim eles alcançaram finalmente a velha e pequena casinha, mas quando entraram, a casinha se transformou em um grande palácio: as rãs foram todas libertadas do encantamento e eram princesas e estavam muito felizes. Então o casamento foi celebrado e eles ficaram no castelo, que era muito maior do que o de seu pai. Mas como o velho rei se lamentava por ter de ficar sozinho, eles foram até seu reino e o trouxeram para viver com eles. Assim eles tiveram dois reinos e viveram em um bom estado de união[17].

Neste conto, que também foi registrado pelos Irmãos Grimm, uma mulher e um homem se libertam mutuamente, portanto cada um deles eleva o outro a uma grande individualização. Este conto de fadas pertence ao ciclo dos contos de "noivo-animal", nos quais sempre se trata

---

17. Der Eisenofen. In Brüder Grimm (orgs.) (1997). *Kinder- und Hausmärchen* (pp. 600-605).

de um príncipe encantado, que é libertado do feitiço. Entretanto, aqui não temos nenhum animal que tem de se casar, como ocorre, por exemplo, no próximo conto *A Cotoviazinha cantante e saltitante*, mas sim um homem dentro do forno.

Se em primeiro lugar examinarmos a história sob o questionamento dos caminhos da individuação, então é impressionante com que dificuldade essa filha se separa de seu pai; portanto, entre outras coisas, trata-se aqui de um desenvolvimento da autonomia a partir de uma ligação paterna. A atmosfera deste conto é densa. No início da narrativa, a separação demorada com suas dificuldades é descrita de maneira admirável. Não existe nenhum desenvolvimento para mais autonomia, sem que sempre continuemos a nos separar. Porém, lá onde nos sentimos mais presos, e os passos para a individuação se impõem exatamente por este motivo, é que não nos separamos com facilidade. Nós nos dedicaremos especialmente a esse processo de se separar do outro, antes de entrarmos na questão da libertação ou da relação entre o filho do rei e a filha do rei.

O conto começa – bastante sem emoção – com uma informação preliminar. Na época em que desejar ainda ajudava, um príncipe foi amaldiçoado, por uma velha bruxa, a viver no bosque dentro de um grande forno de ferro. Ele viveu lá durante muitos anos e ninguém pôde libertá-lo. Por conseguinte, encantar seria também uma forma de desejar, um desejo agressivo-destrutivo. Quem teria interesse em expressar esse desejo?

Então a narrativa se concentra sobre a história da filha do rei, que havia se perdido na floresta e não podia reencontrar o caminho para o reino de seu pai – e que em vez disto encontra o forno que, com grande atrevimento, exige um compromisso, esclarece-lhe logo que ele é "superior" a ela, e que quer casar com ela. Já aqui pressentimos: dentro deste forno "ativo" está um homem, ele é mais do que um forno.

Se nos colocarmos nessa cena inicial nos sentiremos – junto com a filha do rei – um pouco surpreendidos com esse forno de ferro que usa métodos que, em geral, de fato são métodos atribuídos ao diabo: que imediatamente exige uma assinatura, que usa a situação crítica da filha do rei e mais tarde ameaça deixar o mundo desabar. Ele se mostra como homem de poder – assim como as estruturas de poder têm uma grande importância nesse conto. Junto com a filha do rei também podemos dizer: "Meu Deus, o que é que eu vou querer com esse forno de ferro!"

Se também nos colocarmos em sua situação, então seu atrevimento se torna compreensível: na fantasia do interpretador do conto esse forno de ferro, que afinal não é descrito em detalhes, se transformou logo em um forno de ferro ardente, e logo o inferno é associado a isto, e com isto o diabo então também se combina[18]. Isto não é tão absurdo quanto parece, pois se nos imaginarmos sentados

---

18. BOLTE, J., & POLÍVKA, G. (1963). *Anmerkungen zu den Kinder- und Hausmärchen der Brüder Grimm* (Vol. III, p. 43). Olms.

dentro de um forno de ferro como este, isolados do ambiente ao redor, presos e desterrados, sem possibilidade de influenciar nosso destino, sem nenhuma liberdade – então isto seria uma situação certamente muito desesperadora, de certa forma um pouco como um inferno... Isto seria comparável com aquelas situações na vida em que interiormente temos todas as nuances de emoções, em que talvez até mesmo um fogo interior queime dentro de nós, mas nas quais mostramos para o exterior uma couraça dura, que tem efeito repugnante sobre aqueles com quem convivemos, que mostra aos outros uma indiferença que eles percebem como rejeição, como agressão.

O revestimento de ferro nos faz pensar no ferro, no metal de Marte, o deus guerreiro, agressivo. Entretanto, paradoxalmente aqui, a agressão consiste primeiro em uma não reação. Como já se sabe, quando alguém em uma determinada situação omite uma reação, isto tem um efeito muito agressivo. Aí podemos então cansar de falar, que sob a dura couraça se encontra um núcleo tenro, pois o ambiente reage primeiro à couraça, e esta aqui é de ferro. O conto também diz ainda que o filho do rei estaria enfeitiçado, ou que ele apenas pode mostrar ao exterior sua armadura de ferro, a dureza, a aversão, ou também que ele estaria enfeitiçado porque não pode se envolver com a vida, porque está excluído da vida palpitante – está preso. Nós quase começamos a invejar o couro dos noivos-animais nos contos de fadas semelhantes. O couro, que eles possuem em lugar de uma pele humana, como por exemplo o leão em *A Cotoviazinha cantante e saltitante*, que também está rodeado de criados, que à noite é um belo príncipe etc. Aqui não é dito nada comparável: nessa história temos alguém totalmente isolado, preso em si mesmo, com plena consciência de que precisaria ser libertado, mas também com total consciência de seu valor. Se ele tivesse dúvida de seu valor, ele já teria sucumbido há muito tempo.

É claro que podemos nos perguntar se o filho do rei não tem de estar dentro de um forno de ferro para que a filha do rei possa permanecer mais tempo com o pai, para que ela não tenha de se libertar de seu pai. Quando o pai é tão sedutor, os outros homens parecem então ser inacessíveis, então sua couraça dura incomoda. O conto fala claramente de uma bruxa, que o enfeitiçou. No entanto, o que é enfeitiçar nessa situação? Significa que o homem colocou em si mesmo uma blindagem? Ou que a mulher não quer deixar seu pai? Que os seus próprios lados masculinos não podem ser vivenciados por ela?

Já aconteceu uma primeira separação da filha do rei de seu pai: ela se perdeu na floresta; ela não se separou do pai por meio de uma decisão consciente, mas sim de fato através de uma coincidência. No entanto, essa superação não lhe traz nenhuma nova meta: ela caminha sem rumo em volta da floresta, porque não existe nenhuma determinação; ela se perde. Ela mesma ainda está sem direção e sem perspectiva – e encontra esse forno de ferro muito misterioso, esse homem empacotado de forma tão original. Quando ela se afasta de seu pai, ela chega a uma floresta, a um lugar que é escuro, fechado, mas onde a vida cresce, onde os animais vivem; ela chega ao local do crescimento natural, mas onde existem poucos caminhos, onde o controle intelectual logo se acaba. Aqui ajuda apenas a intuição que naturalmente teríamos de desenvolver. Assim que essa filha de rei abandona o pai, ela se perde, não sabe mais para onde o caminho leva.

Permanecer com o pai pode significar efetivamente que essa moça ainda não se libertou do pai, que o pai ainda toma decisões por ela, o que então realmente se revela, quando ela chega em casa. Eles deliberam em conjunto se não seria melhor enviar ao forno lá fora a filha do moleiro ou a filha do criador de porcos. Mas, quando o pai definitivamente ainda toma as decisões, então a filha não assume nenhuma responsabilidade por sua vida, ela também deixa a responsabilidade para o pai. Ela permanece uma criança. Agora o pai pode claramente ser entendido como pai simbólico, símbolo para tudo que é modelado pelo pai ou pelos pais: conceitos de vida, regras de comportamento, conteúdo mental etc., do jeito que eles se colocam diante de nós na usual visão coletiva do mundo. Na escolha dos valores e da postura pessoais a filha do rei é certamente influenciada pela postura do próprio pai. Aqui na vida de cada um é preciso realizar um passo de autonomia; enquanto nos apoiarmos nos valores e posturas tradicionais, nós até estaremos de certa forma seguros ou pelo menos pensaremos que estamos, mas nós não somos realmente autônomos, pois esses valores tradicionais não precisam realmente concordar com os valores que são válidos para a personalidade individual. Portanto, essas posturas têm de ser examinadas e, na maioria das vezes, fazemos isto quando deixamos pela primeira vez a situação ou o ambiente, em que eles são válidos.

Assim, no desenrolar desse conto em direção à individuação, podemos manter as duas perspectivas sob observação: por um lado a separação totalmente verdadeira do pai e a possibilidade a ela ligada de uma relação com o parceiro, também ligada ao seu lado *animus*; e, por outro lado, a troca dos valores que são moldados pelo pai.

Como o paterno muitas vezes significa segurança, mas naturalmente também restrição – a restrição é sempre um aspecto daquilo que nos oferece segurança –, o passo da separação significa que temos de suportar uma insegurança, expressa aqui na falta de orientação na floresta. Basicamente é parte de todo passo em direção a uma maior autonomia que nós abandonemos uma ligação e, com isto, uma segurança, mas também uma restrição e que sintamos uma insegurança, uma falta de orientação que pode estar mais ou menos ligada ao medo. Algumas pessoas podem se satisfazer melhor com a insegurança, com situações confusas e obscuras, principalmente então, quando a curiosidade de saber o que a vida agora lhes reserva também está associada a essas situações; outras podem não lidar bem com isto. Entre outras coisas, o poder lidar com isto também é uma consequência de com que frequência já nos encontramos em situações iguais, nas quais não sabíamos até onde poderia continuar. Ou seja, se já aprendemos que, de alguma forma, sempre é possível continuar.

A filha do rei ainda não aprendeu isto. Ela se perdeu imediatamente e o salvador é o forno de ferro, que lhe impõe regras claras que ela aceita sem restrições. Aqui seu condicionamento através do complexo do pai se torna claro: ela aceita ordens sem perguntas ou queixas. Em todo caso, ela ainda se pergunta o que deve fazer com esse forno de ferro, mas para poder voltar a encontrar seu pai ela está disposta a se casar com o forno de ferro. Este é realmente um argumento para se casar!

Nesse meio tempo, primeiro, os dois usam um ao outro: o forno quer uma mulher para que ele seja libertado do encantamento; a filha do rei aceita o homem para que possa voltar para seu pai. Nos contos de fadas, a condição para poder ser libertado é a de que sejamos aceitos por alguém, do jeito que somos; para isto a aceitação não precisa ser uma aceitação prazerosa, basta que exista alguém que aceite o outro.

A filha do rei aceita qualquer meio para voltar para seu pai, para restabelecer a antiga situação, para não ter de sair para o mundo, não ter de ir a um terreno inexplorado e com isto desenvolver novos lados em si mesma. É claro que podemos entender essa cena de maneira ainda mais simbólica: ela casa, para ter de novo um pai, ela troca o pai pelo marido paternal que, para ela, substitui o pai. Esta é uma constelação que encontramos com muita frequência nas mulheres que não se libertaram realmente do pai: o marido pode preencher aquele lugar que o pai ocupara até agora. De modo simbólico, quem não pode separar a maneira de pensar do pai e não pode separar os pais pode, por outro lado, receber essas opiniões, esses valores e essas posturas do marido. Aqui isto significa: "Meu marido diz..., meu marido acha..., meu marido vê isto assim e assim..." E mais ou menos impaciente nos perguntamos, então, o que a própria mulher pensa ou sente.

Porém, no conto, a filha do rei, por ter prometido ao forno que se casaria com ele, fez uma promessa de que se afastaria de seu pai e que iria com ele. Mas não imediatamente.

Toda separação importante acontece segundo um modelo determinado: primeiro a gente se separa, consciente ou de preferência por acaso, e então ocorre mais uma vez uma reaproximação. Em vez da separação, na maioria das vezes, surge então uma união ainda maior que, no entanto, leva a intensificar os conflitos que já influenciaram a primeira separação; em consequência disto, na maior parte das vezes, separamo-nos mais consciente e com mais clareza.

Essa história descreve a reaproximação muito bem. Nela, a problemática da separação não está apenas do lado da filha do rei, ela também está do lado do rei: "O velho rei se assustou tanto, que quase desmaiou, pois ele tinha apenas uma única filha". O conto narra de maneira realista a situação de separação entre um pai amoroso, que talvez também não tenha nenhuma esposa – em todo caso não se fala nela –, e sua filha, pela qual aparentemente existe uma profunda relação de amor. Ele gostaria de ficar com ela para si mesmo. Da parte dele também acontece uma reaproximação, quando ele a ajuda a encontrar uma saída para o conflito e, para isto – pelo menos é o que parece –, qualquer recurso é válido.

As separações nunca são provocadas ou sofridas por apenas um dos parceiros; elas sempre são vivenciadas pelos dois lados. As separações dos filhos adultos de seus pais são problemas de separação para os adolescentes e para os pais, elas significam um chamado à autonomia para as duas partes. A separação naturalmente será vivenciada pelos dois que se separam de maneira diferente, a depender da situação de vida em que se encontram. Assim, para o adolescente, o mundo e a vida estão abertos; no mínimo é dessa forma que ele imagina, enquanto os pais se preparam para a fase da velhice e têm de renunciar aos estímulos que os jovens trazem para casa. É claro que eles também ganham a chance de se adaptar de novo a si mesmos e à relação a dois, que ganha uma nova importância. Assim a separação é para aquele que "fica para trás", na maioria das vezes, mais difícil de suportar, mas é vivenciada pelos dois – os dois lados quase sempre também gostariam de evitá-la, porque a ela está associada uma perda de segurança e hábito.

A filha do rei primeiro tenta se esquivar do passo que a leva para dentro do mundo. Ela até prometeu algo, mas não quer cumprir esta promessa, ela ainda não assume a responsabilidade pela sua promessa. E o pai a ajuda nisto. Também para ele é mais importante que a antiga situação seja mantida, em lugar do cumprimento de uma promessa. Essa promessa está em contradição com o comportamento do pai no conto *O Rei Sapo*[19], no qual o rei diz a sua filha claramente que temos de cumprir uma promessa. Mas aquele rei não queria impreterivelmente guardar a filha para si mesmo. Nosso rei aqui, pelo contrário, quer reter a filha.

Nesse conto nós encontramos representada uma relação paterna intensa e certamente positiva em sua origem, mas que agora, porque os passos de desenvolvimento necessários não podem mais ser dados, começa a ter um efeito muito destrutivo. Assim, a filha do rei se esquiva diante de sua própria responsabilidade, mas também é determinada exteriormente pelo pai, a quem não deseja ferir. A tendência do raciocínio dos dois é de que para o forno o que importa é apenas uma mulher bonita, e as filhas do moendeiro e do criador de porcos também são bonitas! Portanto eles presumem, que ele não imaginaria ela própria como mulher, mas sim que "qualquer uma" também poderia satisfazer esse propósito. Essa ideia é

---

19. Der Froschkönig oder der eiserne Heinrich. In Brüder Grimm (orgs.) (1997). *Kinder- und Hausmärchen* (pp. 635-643).

comparável com a ideia de muitas filhas ligadas ao pai que, em geral, pensam que os homens jovens querem ter apenas uma mulher que possa ser apresentável, e que naturalmente seja substituível a qualquer hora. No entanto, para o pai, trata-se dela própria – mais um motivo para ela, permanecer com o pai!

Mas o homem no forno de ferro insiste que quer tê-la – ela pessoalmente. Com isto, ele mostra que ela não é substituível, que não pode simplesmente se deixar representar por outra no caminho que lhe foi destinado. As tarefas da vida não se deixam delegar, nem a outra pessoa, nem – se quisermos entender a cena em camadas subjetivas – a uma parte de nossa personalidade. Nós temos de nos concentrar totalmente em uma tarefa desta natureza; ela tem de ser executada de forma autêntica e, para isto, toda a personalidade tem de ser usada. Isto também se mostra no conto, quando nem a filha do moleiro, nem a filha do criador de porcos conseguem lixar um buraco no forno e descobrir o que se encontra debaixo da couraça de ferro. Apenas quando a própria filha do rei se decide a cumprir sua promessa, a se envolver com sua nova situação de vida – e isto totalmente –, é que essa nova situação de vida lhe mostra sua face oculta. Nós também podemos naturalmente entender o forno como uma vasilha alquímica, como um caldeirão em que a nova situação ferve...

Ela vê um filho de rei, que lhe agrada de coração; ela vê alguém, que "resplandece". Ele brilha, portanto, ele arde. Essa imagem descreve bem o seu estar-fascinada, mas também o fascínio do homem que se torna visível, assim que a mulher certa arranha e lixa um pouco em sua superfície ferrosa, em sua couraça dura. Agora ela foi atraída por ele e ele se declara a ela, ao mesmo tempo ele também se apodera um pouco dela com sua rima: "Tu és minha e eu sou teu, tu és minha noiva".

Aconteceu uma aproximação do filho do rei; ela gosta dele, a chance de que ela deixe seu pai e de que saia pelo mundo com este filho de rei está dada. Porém, mais uma vez, ela recua. O passo para a separação ainda não pode ser concretizado, ou, dito de outra maneira: no momento em que ela se afasta emocionalmente um pouco do pai, ela é mais uma vez tomada pela saudade da situação que queria deixar. Ela tem de voltar de novo para casa.

O filho do rei também permite isto, mas apenas para três palavras. Esse voltar tem entre outros o sentido de ter outra vez contato com aquilo que deixamos, para melhor podermos levar conosco interiormente. Na verdade, o filho do rei lhe permite se despedir. Porém, a filha do rei "perdeu tempo", disse muitas palavras ao pai. Ela tem de ser desobediente; essa desobediência impele a situação de decisão a um ponto crítico? Agora ela realmente tem de se decidir: entre o caminho para o mundo – no momento um caminho bastante desconhecido – ou a permanência com o pai. Mas como o forno de ferro foi repentinamente deslocado, foi transportado para o desconhecido, uma decisão clara lhe é exigida. Ela se decide a caminhar, ela procura o filho do rei. Ela procura, sem saber onde – seu objetivo é a busca.

Encontrá-lo deve ser muito importante para ela. Talvez ela sinta que lhe deve isto.

Aqui se coloca naturalmente uma nova questão em relação à individuação: somos autônomos, quando nós objetivamos algo impelidos por sentimentos de culpa? Dessa forma, nós não continuamos sob a dominância de um superego que está estreitamente ligado ao complexo do pai e às normas e regulamentos modelados por ele?

No caminho de desenvolvimento desta filha de rei, torna-se claro que a autonomia sempre pode ser apenas uma autonomia relativa: mesmo que agora ela já não seja mais determinada pelo pai, pelos sentimentos de culpa diante do pai, ela provavelmente tem sentimentos de culpa diante do príncipe. Não é apenas o amor que a faz procurar, também há a participação de sentimentos de culpa que, contudo, são por um lado legítimos e, por outro, estão a serviço do desenvolvimento. É exatamente o sentimento de ter se tornado culpado, de poder ser culpado, que faz com que nos revelemos pessoas que podem e têm de ser autônomas.

A partir de agora, a narrativa nos conduz, em comparação a outros contos do mesmo tipo, muito rapidamente adiante. Nós temos a impressão de que nesse conto a decisão da princesa, de procurar seu príncipe e de abandonar seu pai, tem o papel principal e de que, a partir de agora, a busca não deve ser mais tão cheia de desespero.

A mudança em seu comportamento se mostra no fato de que, após ter andado mais uma vez em círculos pela floresta durante nove dias, ela não espera mais por ajuda, mas por si mesma sobe em uma árvore, supostamente por medo de animais selvagens; mas lá em cima ela pode se orientar e encontra, depois de ter se enganado durante tanto tempo, uma luz na escuridão, no sentido mais verdadeiro da palavra. É impressionante que ela não tenha encontrado nenhum alimento na floresta. Ela não é capaz de colher o alimento que a floresta oferece. Aparentemente ela não sabe nada a respeito da natureza. Se ela é uma filha ligada ao pai, ela ainda tem de entrar em contato com o mundo do natural. Já no começo da história ela não podia se orientar na floresta. Temos aqui um indício de uma problemática na área materna.

Quando uma jovem é tão determinada pelo pai, então ela se torna pouco ligada à mãe, não importa como essa mãe seja. O mundo das mães, ou o mundo do feminino, é, portanto, sentido simplesmente como pouco interessante, como não tão excitante e tem de ser descoberto no decorrer do desenvolvimento.

Uma mulher que foi muito modelada pelo pai, que assumiu sua fábrica, disse que "pensava seus pensamentos" – como ela mesma se expressou –, mas agora, aos 26 anos de idade, ela descobriu que também tem uma mãe e que esta não é tão entediante como ela sempre pensara. E então ela começou a se interessar pela mãe, e também por aquilo em que se assemelha à mãe etc. Nossa filha de rei também tem de se confrontar com sua área materna.

Depois desse tempo de novo extravio na floresta, uma luz se mostra, ela tem uma primeira orientação. Ela chega a uma casinha que tem à frente uma grama muito verde e alta. O tamanho diminuto da casa e a acentuação de tanto verde chamam a atenção. O verde é a cor do crescimento, da transformação, e é uma transformação que segue um ritmo afinado com a natureza e que quase não pode ser acelerado, mas também que quase não pode ser impedido, se nós, por exemplo, refletimos que não é preciso muita luz para que, em algum lugar, o verde comece a surgir novamente. Por isso o verde é a cor que nós gostamos de associar com a atmosfera de esperança de uma nova transformação[20]. Assim, nesse conto, a libertação é anunciada de duas formas: a filha do rei encontrou um ponto de orientação, ela não está mais sozinha e confusa; essa casinha está localizada "no verde", ou seja, não mais na densa floresta e, através desse verde, está relacionada a uma esfera das novas possibilidades de crescimento.

Nessa casinha moram rãs grandes e gordas e também pequenas rãs que, entretanto, se sentam a uma mesa posta de maneira refinada. Aqui a filha do rei encontra abrigo e alimento, mas também instruções para a continuação de sua caminhada de busca. As rãs atuam aqui como uma personificação da mãe-natureza, elas substituem as velhas e sábias mulheres que aparecem em outros contos semelhantes, ou também o sol, a lua e as estrelas.

---

20. PÂEDEL, I. (org.) (1983). *Farben*. Kreuz, 1983.

As rãs, ainda como formas animais de manifestação da mãe-terra, se mostram aqui em um aspecto positivo: a mãe natureza dá a essa filha de rei aquilo de que ela necessita. Dito de outra forma: para poder realmente se desenvolver na individuação, para poder realmente seguir na busca e no seu caminho, ela precisa passar um tempo em algum lugar que contenha alguma coisa materna, ela precisa se deixar acolher dentro da segurança. Este também é um aspecto importante no caminho da individuação: o herói ou a heroína de um conto de fadas nunca se atira sozinho no mundo, eles sempre necessitam de um lugar onde estejam seguros, onde sejam cuidados, um lugar de descanso. No desenvolvimento de uma pessoa nunca se trata somente de autonomia, mas sim da polaridade da segurança e da autonomia. Mas essa segurança é muitas vezes também uma dependência.

Aliás, no conto, a filha do rei não tem a menor dificuldade em se deixar cuidar por essas rãs. E quando ouvimos isto, temos a impressão de que isto é a coisa mais normal do mundo. Mas não é. Em um grupo no qual eu, a partir das ilustrações desse conto, induzi os participantes a pensar em imagens individuais, havia muitas pessoas que tinham medo de rãs e que jamais teriam aceitado sua ajuda, que não teriam confiado que elas em geral pudessem ser de algum auxílio. Nessas rãs salvadoras está expresso, entre outras coisas, que a ajuda pode vir dos modestos, dos desprezados – apenas quando estamos abertos ao auxílio. Muitos contos de fadas tentam nos ensinar essa sabedoria. Com isto, o conto relativiza a convicção bastante disseminada de que apenas um grande acontecimento poderia imprimir uma mudança em uma vida, que está em crise. Já se sabe que essas mudanças grandiosas só ocorrem muito raramente. As mudanças vêm muito mais a partir da aprendizagem de ver e aceitar aquilo que nós até agora deixamos de ver, aquilo que a vida por si mesma nos traz.

Talvez seja exatamente esta atitude cheia de confiança que leva a filha do rei a aceitar qualquer ajuda que mude a situação, não importa de onde venha, seja afinal naturalmente fruto do desespero.

O que importa é que em grande perigo a heroína procura auxílio e orientação, que encontra e que também pode aceitar. Mas trata-se ainda de repousar e de ser protegida. E a filha do rei encontra repouso e segurança com as rãs. Ela cresceu em um mundo tão paterno, com tanta rigidez associada, pensemos no trabalhoso processo de separação, na couraça de ferro do forno, que agora ela precisa absolutamente viver em um "mundo inverso" – com as rãs, onde a natureza pode ser tocada.

Essa fase da pausa criativa, na qual mais uma vez é revivido aquilo que antes já havia sido excluído, é uma fase importante dentro do processo de separação: a separação decisiva já foi concluída, com isto as velhas orientações se tornaram em grande parte inválidas, uma nova direção ainda não está à vista, sentimo-nos desorientados –

"extraviados" como se diz no conto –, buscamos sem grande resultado; e em algum momento não podemos mais; o esforço de vontade consciente é ainda apenas suficiente para que saibamos que agora estamos dependendo de um aceno do destino, de uma boa ideia, de uma ideia salvadora. Essa fase está quase sempre associada a uma fuga para dentro de si mesmo, em que nos cuidamos, colocamos a nós mesmos dentro de um grande todo e esperamos pelo que acontecerá. Dormir e comer são boas imagens para isto; entretanto, a filha do rei também formulou seu problema e seu objetivo, e isto também faz parte desse processo.

Esse período em companhia das rãs se assemelha à fase da incubação, da maneira que a conhecemos no processo criativo, mas fundamentalmente em qualquer processo de mudança: o problema é trabalhado no inconsciente, depois que já lutamos com ele por tempo suficiente e também podemos formulá-lo para nós mesmos. Porém, essa confiança no auxílio faz parte disso – aqui essa confiança nas rãs como símbolo da base maternal, que é realmente oposta ao mundo paterno de onde vem a filha de rei. No caminho de desenvolvimento de uma mulher que originalmente vem de uma ligação paterna positiva esta seria a fase em que ela deixou para trás de si o mundo paterno, sente-se desorientada e entra então em contato com o mundo materno: não tanto com o mundo que é moldado pela própria mãe, mas sim muito mais com o materno arquetípico.

Ela vivenciará que também é uma parte da natureza, que a natureza nos sustenta, que está subordinada aos ritmos da natureza. Nessa situação, uma mulher que antes, por exemplo, tivesse se aproximado da vida de forma extremamente intelectual, poderia se dedicar à natureza e ao natural, talvez até mesmo de forma um pouco fanática, querer ser apenas natural e viver – muito embora no ser fanática o complexo do pai ainda continuaria a se mostrar. Talvez também seja possível que ela se ocupe com pressentimentos, com intuições, com sonhos, com tudo que brota de seu fundo e que não podemos "fazer", mas antes apenas esperar, aguardar.

No caminho para a individuação é evidente que sempre temos de nos decidir quando é preciso reclamar nossa autonomia, quando temos de realmente assumir a responsabilidade e quando nós simplesmente precisamos esperar, com confiança, que a natureza ou o destino deixará crescer alguma coisa em nós.

O bom ritmo entre a responsabilidade individual, a aceitação da responsabilidade e a dedicação ao íntimo parece ser o segredo do caminho bem-sucedido. O ser humano também está muito ligado em sua aspiração por autonomia à necessidade de decisões conscientes por um lado e, por outro, à dependência de ajuda do íntimo, de ideias, de intuições. Isto corresponde também na área de relacionamentos, ao estar integrado na necessidade de ser si mesmo, de sempre se tornar si mesmo e na inevitabilidade da dependência.

A rã também diz claramente tudo o que separa a filha de rei do filho de rei, aquilo que ela tem de superar para chegar a ele, mas também lhe fornece meios e instruções para isto. Essa estada na casinha no verde lhe dá uma ideia daquilo que a separa do filho de rei, onde ele pode ser encontrado e o que deve ser feito. Ela pode se orientar pelo menos até um certo ponto, e sabe que tem de encarar o problema e que pode fazer isto. Os obstáculos que se elevam diante dos dois podem ser vistos em associação com a intensa ligação paterna, eles podem mostrar o efeito dessa ligação paterna na relação com um parceiro. Ela precisa aprender a lidar com esse problema, pois este é um aspecto de seu se tornar autônoma.

A montanha de vidro pode ser vista em sua natureza escorregadia, em sua inacessibilidade, em seu não poder ser agarrada, como uma possibilidade de se isolar tanto do outro, que este em toda tentativa de contato simplesmente deve escorregar. A montanha de vidro de certo modo se assemelha ao forno de ferro. Nessa montanha de vidro poderia ser representada uma extrema isolação do outro, com uma frieza desumana, que talvez também pudesse se mostrar em uma postura muito perfeita e estética, mas que provoca uma separação do outro. Com as agulhas das rãs – a natureza escorregadia das rãs é bastante diferente em sua ligação à terra – essa postura pode ser superada passo a passo, com muito esforço. A filha de rei precisa escalar pessoalmente essa montanha, mas com isto precisa também avaliá-la passo a passo.

Essa "psicologia da montanha de vidro" é típica para as jovens que estão fortemente presas ao pai e ao princípio paterno e que estão pouco unidas ao materno. Isto se dá naturalmente quase que por acaso, pois quando o pai ocupa uma posição tão importante, a mãe então não pode ser também tão importante. Em primeiro lugar, essas jovens precisam entrar em contato com o feminino-terra, para ver onde vão elevar sua montanha de vidro. Através do anseio por um relacionamento, elas são levadas a vencer, passo a passo, essa montanha de vidro. Mas isto não significa de modo algum que essas montanhas de vidro tenham sido vencidas de uma vez por todas – a filha do rei guarda bem as agulhas para continuar em condições de sempre poder ultrapassar essa montanha.

Agora ela também precisa ter cuidado com as espadas cortantes. Nós podemos associar espadas cortantes com palavras cortantes, talvez com argumentos cortantes, que ela pode trazer a campo e pelos quais ela mesma se sinta ameaçada. Ela tem de passar sobre elas com uma roda de arado; portanto, ela tem de passar pelas espadas, não importa como isto foi imaginado, com uma roda. As rodas são símbolos da totalidade, do redondo, que sempre gira, que une em si mesmo os opostos; já as espadas, por outro lado, são responsáveis por separações. Sempre que ela tiver vontade de aplicar a sua volta um golpe preciso e cortante, ela terá primeiro de se lembrar da roda de arado, da possibilidade de não destruir as coisas, mas sim de vê-las em um contínuo aspecto associado e, com isto, a agressão pode então se tornar construtiva. Neste se deixar rolar sobre, neste confiar na roda de arado, também é expressa uma rendição à lei da gravidade, um se deixar pegar pela gravidade, em oposição ao ativo tomar da espada.

O confronto com esses obstáculos, com esses impedimentos é realizado pela filha do rei a partir do anseio por um relacionamento. Ela quer reencontrar seu príncipe, seja ele imaginado como um homem real, seja ele seu próprio lado masculino que a fascina – em todo caso ela sente um anseio por alguma coisa que a fascinou tanto, que ela se separou da situação de vida que existia até agora. O rio, que agora ainda separa os dois, mostra, assim, como também todos os outros obstáculos restantes, o quanto ainda existe entre os dois. Entretanto a travessia do rio não parece ser um problema, em todo caso, nós não sabemos, como ela conseguiu isto. Porém, outra coisa bem diferente se coloca em seu caminho: De repente, o príncipe quer casar com uma outra mulher. Ela é esquecida. Mas isto não nos deve deixar muito admirados, pois houve muita decepção e também muita deslealdade entre os dois: montanhas de vidro reais e água torrencial.

A filha do rei só pode definitivamente ganhar o príncipe para si com as roupas que ela recebeu das rãs. Cada vez mais se torna claro o quanto essa estada com as rãs foi fundamental, o quanto também foi essencial para ela ter sido aceita nessa esfera. A escolha dos vestidos expressa, entre outras coisas, como gostaríamos de nos mostrar para o mundo, mas também como a gostaríamos de ser vistos. Na maioria das vezes, as roupas, principalmente nos contos de fadas, são expressão do ser de quem as usa. Nos paralelos a esses contos – compare também aqui mais uma vez *A cotoviazinha cantante e saltitante* – essa passagem é descrita muito mais detalhadamente: lá a heroína recebeu do sol um vestido que brilhava igual ao sol. Lá então fica claro que a mulher, através do caminho que ela fez para encontrar seu homem, também desenvolveu em si condizentes traços "refulgentes" de sua personalidade. No conto de fadas *O forno de ferro* ela simplesmente aceitou todos esses vestidos, depois de ter se extraviado por tanto tempo. Todavia, essa história não deixa a filha do rei se enganar durante muito tempo, como as outras histórias fazem. Isto talvez seja de novo típico para uma filha de pai, afinal as coisas ocorrem para ela em linha reta.

O interessante neste contexto é que o "forno de ferro" poderia até ter se casado com a filha do moleiro ou com a filha do criador de porcos: agora ele tem uma outra noiva. Portanto a constelação do começo do conto se repete de uma maneira inversa. O similar é aqui retribuído com o similar – a relação está claramente sob um aspecto de poder.

Nas filhas de pai que são unidas a ele de forma positiva muitas vezes surge o desejo de, "entre outros", ainda também serem casadas. Esse desejo poderia ser bem-expresso em imagem, quando a filha do rei se deixa substituir pelas filhas do moleiro e do criador de porcos. Essa volubilidade dá lugar ao desejo resoluto de querer se colocar no centro do relacionamento. Agora o que ela quer é se introduzir no relacionamento com toda autenticidade e não permanecer muito tempo na periferia, representada por um personagem secundário da alma. Ela também está disposta a renunciar a todo orgulho – e para uma filha de pai isto é muito –, aceitar um trabalho como ajudante de cozinha, muito embora ela não esqueça que ela é filha de rei. Ela também está consciente do que ela fez para o homem. "Eu te libertei", diz ela. Porém, nesse conto a libertação mútua também está incluída. Não foi somente a mulher que libertou o filho do rei, como pelo menos parece estar em primeiro plano nos contos de fadas sobre animais-príncipe. Pelo contrário, aqui é denotado que seu permanecer-com-o-pai era também um feitiço. Seu caminho para sair desse encantamento, o caminho que lhe foi imposto pelo filho do rei, é ao mesmo tempo o caminho da libertação, que ela tinha de seguir.

Era isto que eu no começo queria dizer com os dois têm de se amar "em direção à individuação". Entre outras coisas, o amor também implica poder se libertar de antigas uniões. Se tudo corre bem, então o amor conduz o parceiro à maior liberdade, se não corre tão bem, então os antigos comportamentos de união se colocam sob uma nova forma, sob uma nova edição.

Ainda é incerto aqui se para esses dois as coisas vão correr bem ou mal. O príncipe a escuta, depois que ela lhe descreveu emocionalmente o caminho de sofrimento deles dois e quando com isto ela o fez lembrar-se dela. "Tu és minha e eu sou teu" pode agora ser considerado como expressão de relacionamento com o outro. O príncipe teve desde o começo uma maneira de ser muito firme; já a princesa está acostumada a ser amada por um pai dominante; assim é de se esperar que ainda ocorram algumas lutas pela autonomia.

Finalmente também é interessante a observação no fim do conto, de que eles não encontraram mais nenhuma rã, quando voltaram à casinha pequena que, na verdade, era o castelo encantado do príncipe. Portanto, agora essa situação enfeitiçada foi totalmente neutralizada.

Aqui também se torna claro o quanto ambos dependiam um do outro em seu caminho de libertação: os criados e as criadas encantados de seu príncipe afinal a ajudam. Mas ele foi enfeitiçado por uma bruxa. Portanto a grande mãe teria se vingado, supostamente, porque não lhe foi dada muita atenção, mas foi em auxílio da mulher. Ao se tornar consciente dessa esfera da natureza e o reconhecer em seu valor, ela se torna enriquecida e o homem não precisa mais continuar enfeitiçado. Através do caminho da maior individuação, essa filha de rei teria trazido para a vida aquilo que estava excluído no velho sistema e que por isto se tornara destrutivo. Visto de maneira mais coletiva, através disto a natureza, o feminino, recebeu de novo um significado maior. Mas com isto o príncipe se torna humano, pode iniciar um relacionamento, o que sob a forma do forno de ferro naturalmente não lhe era possível.

O tema da libertação mútua, do auxílio recíproco a um maior relacionamento, é representado em muitos contos de fadas de maneira semelhante. No próximo conto, principalmente o caminho para um relacionamento recíproco, é vivenciado com mais clareza.

A cotoviazinha cantante e saltitante: um caminho para o verdadeiro relacionamento

Era uma vez um homem que ia fazer uma grande viagem e, ao se despedir, perguntou às suas três filhas o que ele deveria trazer para elas. Aí a mais velha queria pérolas, a segunda queria diamantes, mas a terceira disse: "Querido pai, eu desejo uma cotoviazinha cantante e saltitante". O pai falou: "Sim, se eu puder consegui-la, tu a terás", beijou todas as três e partiu. Quando chegou a hora de voltar novamente para casa, ele havia comprado pérolas e diamantes para as duas mais velhas, mas a pequena cotovia cantante e saltitante para a caçula ele procurou em vão em todos os lugares e isto o entristecia, pois ela era sua filha mais querida. O caminho de volta o conduziu através de um bosque e no meio deste havia um castelo suntuoso e, próxima ao castelo, havia uma árvore. Bem em cima, na ponta da árvore, ele viu uma cotoviazinha cantar e saltitar. "Puxa, tu me apareceste na hora certa", disse ele muito contente e gritou ao seu criado, que ele deveria subir na árvore e pegar o animalzinho. Porém, quando ele se aproximou da árvore, um leão pulou a sua frente, se sacudiu e rugiu tanto, que as folhas da árvore tremeram. "*Quem quer me roubar minha cotoviazinha cantante e saltitante*", *gritou ele*, "*eu vou devorá-lo*". *E então o homem disse: "Eu não sabia que o pássaro te pertencia. Eu quero reparar meu erro e comprar a minha liberdade com ouro pesado, deixa-me apenas a vida". O leão disse: "Nada pode te salvar, mesmo que tu me prometas dar a primeira coisa que encontrares quando chegar à casa; mas se tu quiseres fazer isto, eu te darei de presente a vida e também o pássaro para tua filha". O homem, no entanto, se recusa e diz: "A primeira coisa que eu encontrar poderia ser minha filha mais jovem; ela gosta muito de mim e sempre vem ao meu encontro, quando eu chego em casa". Mas o criado estava com medo e ele disse: "Não tem de ser exatamente a vossa filha a primeira a vir ao vosso encontro, também pode ser um gato ou um cão". Aí o homem se deixou convencer, pegou a cotoviazinha cantante e saltitante e prometeu entregar ao leão aquilo que primeiro fosse ter ao seu encontro ao chegar à casa.*

Mas, ao chegar às suas terras e entrar em casa, a primeira coisa que ele encontrou foi sua filha mais jovem e querida; ela chegou correndo, beijou-o e abraçou e, ao ver que ele havia trazido uma cotoviazinha cantante e saltitante, ficou fora de si de tanto contentamento. Mas o pai não podia se alegrar, e em vez disso começou a chorar e disse: "Minha querida filha, o pequeno pássaro me custou caro; para que eu pudesse tê-lo eu tive de te prometer a um leão selvagem, e quando ele te possuir, vai te dilacerar e devorar", e contou a ela tudo o que havia acontecido, e lhe pediu que não fosse até o leão, não importa o que acontecesse. Mas ela o consolou e falou: "Querido pai, aquilo que prometestes também tem de ser mantido. Eu irei até lá e aplacarei a fúria do leão para poder voltar saudável para vós". Na manhã seguinte, ela deixou que lhe mostrassem o caminho, se despediu e entrou confiante no interior do bosque. Porém, o leão era um príncipe que havia sido enfeitiçado e que durante o dia era um leão, e junto com ele todos os seus súditos também eram leões, mas à noite eles recuperavam sua forma humana. Ao chegar, ela foi recebida amigavelmente e conduzida ao castelo. Quando a noite chegou, surgiu um homem bonito e o casamento foi festejado com grande pompa. Eles viviam felizes um com o outro, despertavam à noite e dormiam durante o dia. Uma vez ele chegou e disse: "Amanhã haverá uma festa na casa de teu pai, porque tua irmã mais velha se casará, e se tiveres vontade de ir até lá, meus leões te levarão". Ela disse que sim, que queria muito rever seu pai, dirigiu-se para lá e foi acompanhada pelos leões. Foi uma grande alegria quando ela chegou, pois todos haviam acreditado que ela tivesse sido estraçalhada pelos leões e que há muito tempo já não vivesse mais. Porém, ela contou que tinha um belo esposo e como estava bem, permaneceu com sua família enquanto os festejos do casamento duraram e depois voltou para o bosque. Quando a segunda filha se casou, ela disse ao leão: "Desta vez eu não quero ir sozinha, tu tens de vir comigo". Mas o leão disse que isto seria muito perigoso para ele, pois se lá ele fosse tocado por um raio de luz, ele seria transformado em um pombo e teria de voar sete anos com os pombos. "Ah!", disse ela, "vem comigo, eu vou tomar conta de ti e te proteger de todas as luzes". Assim, eles foram juntos e também levaram seu filhinho. Lá ela mandou murar uma sala, com muros tão fortes e grossos, que nenhum raio de luz podia atravessar; ele devia ficar lá dentro, quando as luzes do casamento fossem acesas. Porém, a porta foi feita com madeira nova, que rachou e apresentou uma pequena fenda que ninguém percebeu. Então o casamento foi celebrado com pompa; mas quando o cortejo de volta da igreja com as muitas tochas e luzes passou pela sala, um raio de luz da grossura de um fio de cabelo caiu sobre o filho do rei, e assim que este o tocou, ele se transformou no mesmo instante, e quando ela entrou e o procurou ela não o viu; no entanto, ele estava lá como um pombo branco. O pombo lhe disse: "Eu preciso voar pelo mundo durante sete anos: mas a cada sétimo passo deixarei cair uma gota de sangue vermelho e uma pena branca que devem te mostrar o caminho, e, se seguires os rastos, poderás me libertar".

Então o pombo voou pela porta afora e ela o seguiu e a cada sétimo passo caía ao chão uma gotinha vermelha de sangue e uma peninha branca e lhe mostravam o caminho. Assim ela caminhou sempre adiante pelo vasto mundo e não olhava ao seu redor e não descansava. Os sete anos já haviam quase se passado e ela se alegrou e achou que eles logo seriam libertados, mas ainda estava muito longe disto. Uma vez, ao caminhar como sempre, não caiu ao chão mais nenhuma peninha e também nenhuma gotinha de sangue vermelho e, quando ela piscou os olhos, o pombo havia desaparecido. E porque ela pensou que as pessoas não poderiam ajudá-la nessa situação, ela subiu até o sol e lhe disse: "Tu brilhas em todas as fendas e sobre todos os picos, não vistes nenhum pombo branco a voar?" – "Não", disse o sol, "eu não vi nenhum, mas te darei uma pequena caixa, que deves abrir quando estiveres em grande dificuldade". Então ela agradeceu ao sol e seguiu adiante, até que a noite chegou e a lua apareceu; então ela lhe perguntou: "Tu, que brilhas durante toda a noite e sobre todos os campos e florestas, não vistes nenhum pombo branco a voar?" – "Não", disse a lua, "eu não vi nenhum, porém te dou um ovo, quebre-o, quando estiveres em grande dificuldade". Ela agradeceu à lua e caminhou em frente, até que o vento noturno chegou e soprou em torno dela e então ela lhe falou: "Tu que sopras sobre todas as árvores e assopras para longe todas as folhas, não viste nenhum pombo branco a voar?" – "Não", disse o vento noturno, "eu não vi nenhum, mas vou perguntar aos outros três ventos, talvez eles o tenham visto. O vento do oeste e o vento do leste chegaram e não tinham visto nada, mas o vento do sul falou: "Eu vi o pombo branco, ele voou para o Mar Vermelho, lá ele se transformou de novo em um leão, pois os sete anos se passaram, e o leão está lá agora a lutar com um dragão-serpente, mas o dragão-serpente é uma filha de rei que foi enfeitiçada". Aí, o vento noturno lhe disse: "Eu vou te dar um conselho: Vá até o Mar Vermelho, à margem direita existem varas grandes, conte-as, corte a décima primeira delas e bata com ela no dragão-serpente, então o leão poderá vencê-lo e os dois voltarão novamente à sua forma humana. Depois olha em volta e verás o pássaro Grifo, que mora no Mar Vermelho, pule sobre suas costas com teu amado: o pássaro vos transportará para casa sobre o Mar Vermelho. Aqui tens também uma noz; quando estiveres no meio do caminho sobre o mar, deixa a noz cair, logo nascerá da água uma grande nogueira, sobre a qual o Grifo descansará; se ele não pudesse descansar, não seria forte o suficiente para vos transportar; e se esqueceres de jogar a noz, ele vos deixará cair no mar".

Então ela foi até o Mar Vermelho e encontrou tudo da forma que o vento noturno havia dito. Ela contou as varas e cortou a décima primeira, então bateu com a vara no dragão-serpente e o leão o derrotou. E, no mesmo instante, os dois recuperaram seu corpo humano. Porém, assim que a princesa, que antes havia sido um dragão-serpente, ficou livre do encantamento, ela pegou o rapaz nos braços, sentou-se às costas do pássaro Grifo e foi embora com ele. Lá ficou a pobre andarilha e foi novamente abandonada. Então ela sentou-se e chorou. Mas finalmente ela se encorajou e falou: "Eu irei ainda mais longe do que o vento sopra, e tão mais longe do que o galo canta, até que eu o encontre". E seguiu adiante, por longos e distantes caminhos, até que finalmente chegou ao castelo no qual os dois viviam juntos. Aí ela ouviu que logo haveria uma festa, na qual os dois iriam se casar um com o outro. Mas ela disse: "Deus me ajude", e abriu a caixinha, que o sol lhe havia dado, lá dentro havia um vestido, tão brilhante quanto o próprio sol. Ela o tirou da caixa, vestiu e subiu até o castelo. Todas as pessoas e a própria noiva a olhavam com admiração, e o vestido agradou tanto à noiva, que ela pensou que ele poderia ser seu vestido de noiva, e perguntou se ele não estaria à venda? "Não por dinheiro ou riquezas", respondeu ela, "mas por carne e sangue". A noiva perguntou o que ela queria dizer com isto. E então ela disse: "Deixa-me dormir uma noite no quarto em que o noivo dorme". A noiva não queria deixar, mas queria tanto ter o vestido, que acabou permitindo, mas o criado de quarto teve de dar ao filho do rei uma beberagem para dormir. Quando a noite chegou e o jovem já dormia, ela foi conduzida ao quarto. Lá ela sentou-se sobre a cama e disse: "Eu te segui por sete anos, estive no sol, na lua e nos ventos e perguntei por ti e te ajudei contra o dragão-serpente, e então queres me esquecer totalmente?" Mas o príncipe dormiu tão profundamente, que tudo lhe pareceu o vento a farfalhar nos pinheiros. Quando amanheceu, ela foi levada novamente para fora e teve de entregar o vestido dourado. E como isto também não havia ajudado em nada, ela ficou triste, saiu caminhando até uma campina, sentou-se e chorou. E enquanto estava sentada assim, lembrou-se do ovo, que a lua havia lhe dado: Ela o quebrou, de lá saiu uma galinha com doze pintinhos totalmente dourados, que correram em volta, piaram e se esconderam debaixo das asas da galinha, de forma que não havia no mundo nada mais bonito para *se ver. Então ela se levantou e os tangeu durante muito tempo pelo prado diante dela, até que a noiva viu da janela, e os pequenos pintinhos lhe agradaram tanto, que ela logo desceu e perguntou se eles não estariam à venda. "Não por dinheiro ou riquezas, mas por carne e sangue; deixa-me dormir mais uma noite no quarto onde o noivo dorme". A noiva disse sim e queria enganá-la como na noite anterior. Porém, quando o filho do rei foi para a cama, ele perguntou ao seu criado de quarto, o que teria sido o murmurar e o farfalhar que ouvira durante a noite. Então o criado de quarto lhe contou tudo, que ele tivera tido de lhe dar uma beberagem para dormir, porque uma pobre moça tinha dormido escondida no quarto, e hoje à noite ele deveria lhe dar a beberagem de novo. Disse o filho do rei: "Entorna a bebida ao lado da cama". À noite ela foi trazida mais uma vez e, quando ela começou a contar, todas as infelicidades que havia passado, ele imediatamente reconheceu sua querida esposa pela voz, levantou-se e gritou: "Agora eu estou realmente livre, era como se tudo fosse um sonho, pois a princesa estrangeira me enfeitiçou para que eu tivesse de te esquecer, mas Deus me livrou a tempo do encantamento". E então os dois saíram do castelo às escondidas ainda durante a noite, pois eles temiam o pai da princesa, que era um mago poderoso, e se sentaram às costas do pássaro Grifo, que os levou sobre o Mar Vermelho e, quando estavam no meio, ela deixou a noz cair. Imediatamente cresceu uma nogueira, sobre a qual o pássaro descansou, e então ele os levou para casa, onde encontraram seu filho, que havia crescido e se tornado bonito, e a partir daí viveram felizes até o fim*[21].

Também aqui temos mais uma vez um conto de fadas da coleção dos Irmãos Grimm – e a semelhança com o enredo do conto O *Forno de ferro* é surpreendente. No entanto, o caminho de desenvolvimento das duas protagonistas é mostrado de modo bastante diferente. Este conto pertence, como já foi mencionado, à categoria do "noivo-animal": um príncipe é transformado em um animal, e só pode ser libertado se uma mulher o amar, apesar de sua vestimenta animal. Esse amor é difícil de obter e a libertação muito raramente ocorre sem problemas. Sempre se procura realizar essa libertação muito cedo ou apressá-la. Mas nessas histórias em que apenas o homem é encantado, como se expressa para o exterior o fato de que ele tenha de viver sob a forma de um leão, de um porco ou de um urso? E a moça é tão altruísta, ao responsabilizar-se por tanta coisa, para que esse animal-príncipe seja transformado de novo em um homem?

Nós estamos aqui diante de um conto muito ilustrativo, muito "mágico"; eu não interpretarei muitas dessas imagens, na esperança de que as imagens do conto possam por si mesmas pôr imagens em movimento na psique do ouvinte ou do leitor.

---

21. Das singenden sprechenden Löweneckerchen. In Brüder Grimm (orgs.) (1997). *Kinder- und Hausmärchen* (pp. 437-443).

Vamos tentar mais uma vez nos identificar com o casal: a moça deseja de seu pai, que quer lhe trazer alguma coisa de sua viagem, uma "cotoviazinha cantante e saltitante". Os três desejos são um motivo bastante conhecido dos contos de fadas: desejos inconscientes de vida, neles se expressam temas vitais, que em seu estágio inicial primeiro se manifestam nesses desejos – compare também *O Cavaleiro Verde*. Uma partida está para acontecer, o pai se distancia do círculo de vida da moça, mesmo que apenas temporariamente. No desejo se externa o que a moça vê como mais importante para a próxima fase de sua vida. As pérolas e os diamantes, que as irmãs desejam para si mesmas, são preciosidades, mas daquelas que a gente pode comprar. Portanto, são desejos "razoáveis", que podem ser satisfeitos. A mais jovem deseja para si uma "cotoviazinha cantante e saltitante".

Mas, afinal, o que é isto? Existem explicações dentro da pesquisa dos contos de fadas que não satisfazem a todos: Bolte e Polívka dizem que a cotoviazinha seria um larício[22].

Como um conto semelhante fala de uma arvorezinha cantante e saltitante, eles questionam se talvez um narrador não teria entendido errado e que aqui se trata muito mais de uma folhagem, ou justamente de uma folhinha cantante e saltitante.

---

22. BOLTE, J., & POLÍVKA, G. (orgs.) (1963). *Anmerkungen zu den Kinder- und Hausmärchen der Brüder Grimm* (Vol. II, pp. 229ss.) Olms.

Caso seja assim, nem por isto o desejo se torna menos misterioso. E para mim parece fazer muito sentido, que não saibamos de fato a que o autor se refere, pois é exatamente o fantástico nisto que é essencial. É claro que a associação com o leão chama imediatamente a atenção: assim, a caçula quer alguma coisa que se associa a um leão, mas não apenas isto, aquilo que ela deseja deve ser também cantante e saltitante. A forma diminutiva "...inha" também ressoa muita ternura. Ela quer ter alguma coisa muito especial: em seu desejo parecem se concentrar muitos aspectos de seu desejar. Se esse desejo é mais do que um simples desejo, se nós o pudermos entender realmente, como eu disse antes, como idealização de um objetivo para a próxima fase de sua vida, então ela quer vivenciar algo totalmente fora do cotidiano, alguma coisa que, em geral quase não exista. Nesse grande mistério têm de estar mutuamente associadas uma força selvagem e também alguma coisa muito leve, terna.

Será que por ter um desejo assim ela também não está um pouco enfeitiçada, mesmo que seja de uma maneira encantadora?

O conto nos diz por que ela está enfeitiçada: ela ama muito seu pai e também é para ele a filha mais amada. Ou seja, os dois têm uma relação muito próxima. Se nós nos identificarmos com a moça, essa relação aparece claramente representada em sua união com o pai já no começo do conto. Como não se fala de uma mãe e de uma mulher, é imaginável que a filha mais jovem substitui a parceira para o pai. Por isto ela está enfeitiçada: a relação com o pai lhe dá um significado que ainda não lhe compete. Esse significado desperta nela desejos que vão muito além do comum, principalmente também em relação ao parceiro. Então a pergunta é apenas: será que ela tem forças suficientes para encarar seu destino especial?

Mesmo que não saibamos exatamente definir o objeto que ela desejou, o pai sabe – ou é atraído por ele. Mas ele não encontra apenas a cotoviazinha ou o larício, ele encontra também o leão que lhe é pertinente. Assim, o pai é a seguir ameaçado através do desejo da filha.

É de se notar aqui que o pai não está disposto a solucionar seu problema tão rápido, como, por exemplo, ao vender a filha, como é o caso em muitos outros contos de fadas, nos quais, por exemplo, o pai deseja salvar sua pele, mas para isto tem de sacrificar o primeiro ser que vier ao seu encontro ou que nascer. E, na maioria das vezes, é então uma filha ou um filho. Para os pais dos contos de fadas é muito fácil resolver seus problemas vendendo seus filhos. Eles empurram para a próxima geração seus problemas não solucionados. Mas o pai de nosso conto espera que a filha venha ao seu encontro, ele sabe que ela também o ama – logo esse amor não é tão reprimido –, e por isto ele teme a exigência do leão. Então o criado, que estava com muito medo, o convence. Mesmo que o pai tenha conhecimento do que acontecerá, o medo o impele a prometer sua filha para o leão. Todavia, uma vez fora da zona de perigo do leão, e depois de ter contado à filha tudo que acontecera, o pai lhe pede para não ir; ele está preparado para aceitar as consequências.

Porém, a filha queria a cotoviazinha cantante e saltitante, ela queria se confrontar com todo o domínio desse pássaro muito misterioso, e eu penso que não é apenas o amor pelo pai que a deixa falar: "Querido pai, aquilo que prometestes também tem de ser mantido. Eu irei até lá e aplacarei a fúria do leão para poder voltar saudável para vós". A filha mais jovem se revela nessa declaração: ela está cheia de confiança em si própria e em suas possibilidades de lidar com leões ferozes; ela também não recua diante de algo perigoso – a ligação com o pai também fez dela uma pessoa segura. Mas ela quer apenas acalmar o leão e então voltar para o pai. Ela quer se envolver com o novo que lá da floresta a exige – é o impulso vital em direção a um parceiro que, no entanto, ainda é apresentado como um leão feroz, mas que apesar disso, ou exatamente por isso, é fascinante, mesmo que também seja perigoso –, mas no fim ela quer então voltar para o pai.

Na situação de medo da história, também aqui em comparação ao *Forno de Ferro*, é mostrado um positivo relacionamento de pai e filha, e se trata de que a filha se liberte do pai. A moça, que teve de substituir a parceira para o pai, é muito cedo estimulada erótica e sexualmente, mas ao mesmo tempo também tem a sensação de ser atraente e importante, de poder provocar alguma coisa.

O estado de vida da cotoviazinha cantante e saltitante ela só pode realizar se primeiro se envolver com esse leão feroz. O que o leão simboliza? A história menciona sua voracidade, o temor de que ele pudesse devorar, estraçalhar a moça. Como um animal do sol, o leão está relacionado ao calor, à brasa e ao desejo. Ele também é tido como feroz, corajoso, um dominador com força indomável, que está próximo de Afrodite, a deusa do amor. Se apenas o homem está encantado e tem de ser um leão, então isto poderia significar que toda sua força erótica e sexual é vivenciada como movimento ou que a moça o veja assim – poderoso, bonito, mas nem sempre humano. Será que aqui o pai tem medo de que um rapaz pudesse ser para sua filha um leão feroz, que a devorasse? O pai transfere toda sua própria voracidade para o rapaz, que gostaria de ter sua filha, ou com isto é demonstrado que aqui a sexualidade só pode ser vista sob o aspecto do animalesco?

O conto é, neste ponto, muito claro: o pai teria sido eventualmente devorado pelo leão – não a filha. O pai acha que o leão é perigoso – e para ele o leão também se tornou perigoso. A relação da moça com o leão também parece não ser um problema. Ela é recebida gentilmente, à noite o leão é um homem bonito; o casamento foi festejado com pompas. E eles vivem felizes à noite e dormem durante o dia.

Isto também é uma expressão de verdadeira arte de viver: durante o tempo em que estamos encantados, enfeitiçados, dormimos. Assim, o problema pode primeiro ser ignorado, ou melhor, adormecido. Os dois têm evidentemente muita alegria um com o outro e também –

muito à parte – têm um filho, sem problemas. O relacionamento deveria ser muito físico, prazeroso, fecundo, mas lá no castelo na floresta, à noite, ou seja, separado do mundo das outras pessoas.

Isto por um lado poderia significar que a filha, que é moldada por uma situação pai-filha desse tipo, tem fantasias sexuais selvagens, belas fantasias sexuais que ela separa rigorosamente do mundo do cotidiano. Isto também pode significar que, com isto, se imagina uma moça que cultiva relacionamentos sexuais selvagens e que para isto naturalmente também encontra o parceiro. Essas relações são bastante satisfatórias, muito prazerosas, mas não podem ser associadas à vida diária, seja porque ela não pode admitir estas relações para si mesma, fragmenta-as, seja porque ela não pode admiti-las diante do mundo. Nisto, a ligação com o pai tem também mais uma vez um papel.

A esse respeito, eu gostaria de citar um exemplo da prática terapêutica:

***

Uma jovem, 28 anos, aparenta ser bastante racional, reservada, muito interessada em coisas intelectuais, mas também possui consciência corporal. Ela procurou a terapia porque está em um relacionamento bastante difícil. Ela pensa que ama o parceiro e que também é amada por ele, mas ambos têm um medo monstruoso da ligação sexual. A jovem mulher acha isto muito absurdo, pois em geral ela "funcionaria muito bem" sexualmente. Essa maneira de se expressar me espantou um pouco e eu a olhei de modo interrogativo. Ela deu de ombros e disse: "Bem, eu penso apenas que isto sempre funcionou. Mas isto já não é mais importante".

Na próxima sessão ela me disse que depois da primeira sessão ela tinha se lembrado de quantos relacionamentos sexuais bonitos ela tivera com homens. Relacionamentos selvagens, alegres, mas também sem obrigações. No entanto, ela nunca admitiu para si mesma nem para os outros que tipo de vida ela levava. Quando ela pensa em seu pai, se ele soubesse disto! Para a família, ela sempre foi tida como aquela que mantinha amizades intelectuais, e isto também era verdade. Os homens, com os quais ela tivera suas "histórias de cama", seriam homens diferentes daqueles com os quais ela mantinha suas amizades.

A jovem mulher diz de si mesma que ela seria a filha do pai, que ela teria apenas irmãos e que entre ela e seu pai sempre existiu muito amor e muita compreensão mútua. Ele sempre lhe dizia que ela se tornaria algum dia uma esposa muito legal, mas sempre adiou para mais adiante esse "algum dia" ao lhe ter dado a entender que ele achava muito maduro da parte dela que cultivasse amizades na esfera intelectual.

Nessas situações nas quais alguma coisa acontece totalmente na escuridão da floresta, à noite, mas nas quais se coloca tanta energia como em nosso conto de fadas, existe uma pressão para sair da escuridão. Essas situações precisam ser associadas à vida cotidiana. O impulso no conto parte mais uma vez do leão, como também já acontecera na procura da noiva. Ele sabe que há um casamento na casa do pai. Portanto, é chegada a hora em que a ligação do homem e da mulher não aconteça mais apenas no meio da floresta, mas sim também no mundo do cotidiano. O casamento da irmã também dá a ela a oportunidade de falar de sua felicidade.

Faz sentido que esse tempo oculto com o leão tenha que ser integrado ao mundo do cotidiano e que a mulher peça a seu marido que venha com ela ao casamento da segunda irmã. O leão sabe do perigo que corre; se a luz o tocar ele será transformado em um pombo e terá de voar com os pombos durante sete anos. A mulher quer defendê-lo e protegê-lo de todas as luzes, aqui não é a curiosidade da mulher que conduz o homem ao perigo. Desde o início está claro para ela que o homem só é um leão durante o dia, por isso também nada precisa ser esclarecido a respeito de seu segredo. Ela põe seu marido em perigo, porque não quer ir sozinha ao casamento da irmã, ela quer mostrá-lo – muito cedo. Ela superestima suas possibilidades de proteger seu marido. Sua autoconfiança é inquebrável – e talvez não esteja totalmente à altura da dimensão do encantamento.

***

A jovem mulher, que veio à análise por causa de seu problema de relacionamento, disse, por exemplo: "Sempre que eu tentava contar a alguém sobre meu relacionamento, ou quando alguém me via com um homem desses, então o relacionamento estava perdido. E de cada vez restava apenas uma nostalgia".

***

O conto fala aqui do problema do momento certo, do Kairos – do momento em que uma mudança temporal se inicia, em que foi cumprido o tempo para que uma decisão frutífera possa ser tomada. Este é um problema que sempre é tratado nos contos de fadas – sem exceção: a luz precisa incidir sobre uma pessoa enfeitiçada no momento certo, temos de ver totalmente o encantamento no momento certo e então pode acontecer uma transformação. Se a luz cair sobre ele muito cedo, então um leão pode, por exemplo, ser transformado em um pombo, inicia-se uma nova transformação em uma forma animal, com outras possibilidades e impedimentos. Algumas vezes temos a sensação de que o momento certo nunca teria ocorrido, ou que para um mortal seria impossível encontrá-lo. Seria imaginável que o leão – se a jovem mulher não tivesse insistido para que ele a acompanhasse – também poderia ter se transformado espontaneamente? Mas talvez não teria sido melhor que os dois simplesmente continuassem a viver na floresta, fossem fecundos, mas jamais tivessem podido descobrir aspectos essenciais do relacionamento que somente podem ser identificados depois que a luz cai sobre a situação, depois que essa vida escura, essa simbiose prazerosa, seja iluminada e com isto também dissolvida?

Na incidência da luz sobre o leão, depois que a jovem mulher havia feito tudo para que nenhuma luz caísse sobre ele, e que isto aconteça justamente através de uma porta – símbolo da passagem, do se abrir –, revela-se como encerrada a fase do relacionamento na qual só se tratou de desejo e fecundidade, na qual a jovem mulher originalmente também não entrou na floresta por decisão própria, mas sim por amor ao pai. E nós não podemos esquecer que ela, mesmo que gostasse de estar com o leão, era sua prisioneira. Mas agora isto mudou fundamentalmente.

A luz que caiu sobre o leão provoca a separação do parceiro. Quando a luz cai sobre uma situação simbiótica, que como aqui, acima de tudo, ocorre no nível do corpóreo, anônima, cheia de desejo, quando repentinamente nos conscientizamos do quanto estamos presos e envolvidos com o outro, isto primeiro provoca uma separação. Essa luz também pode recair em uma situação, na qual de repente vemos essa situação com os olhos do outro. Então a situação se transforma.

***

Esse fenômeno é bem identificável na analisanda que mencionei antes. Quando ela conta a alguém sobre seu relacionamento, então a fascinação se acaba. Então ocorre a separação, de fato uma separação total. No entanto, nisto se revela que no fim a relação para ela não seria satisfatória, ou que já não é suficiente, que alguma coisa nova precisa surgir. Eu não quero de jeito nenhum demonizar *a priori* um envolvimento cheio de desejo como este – mas ele também tem um tempo certo no relacionamento ou na história de relacionamentos de uma pessoa, e então alguma coisa nova tem de aparecer.

***

A separação é simbolizada no conto pela transformação do homem em um pombo. Ele agora se tornou um animal que pertence à esfera aérea, não mais à esfera do solo como antes – compare no conto de *Jorinda e Jorindo*. Ele tem de voar pelo mundo durante sete anos. Não nos esqueçamos que a moça havia desejado uma cotoviazinha cantante e saltitante, portanto um pássaro – agora ela tem seu pássaro. Ele não pode mais obrigá-la a segui-lo. Quando ela o segue, ela o faz de livre e espontânea vontade, então ela o faz realmente por amor a ele e não mais por amor a seu pai.

O que significa o leão ter se transformado em um pombo? O pombo é o pássaro de Afrodite, a deusa do amor, um par de pombos brancos é um símbolo popular de amor. Em associação com o dilúvio, Noé deixou que três pombos voassem, um deles voltou com um ramo de oliveira e prova com isto que a terra estava visível. A partir disto, o pombo é tido como símbolo da reconciliação com Deus e predominantemente como símbolo da paz. A partir da pesquisa de seu comportamento nós sabemos que o pombo é uma ave muito agressiva, o que em si combina muito bem para o pombo como símbolo de amor; ele também foi símbolo de Ishtar na Ásia Ocidental; Ishtar é a deusa da fertilidade e do amor, e também a deusa da guerra. Pois o que seria um amor sem agressão – contudo agressão entendida no sentido do decisivo se aproximar do outro, de pegar firme no sentido da confrontação, da decisiva perseverança em uma relação e da limitação. Como pássaro, o pombo é também um intermediário entre a terra e o céu. Nele está insinuado de que maneira agora o relacionamento deve ser complementado: trata-se da dimensão espiritual do amor. Mas primeiro inicia-se o caminho do sofrimento.

Quando uma simbiose é eliminada, quando uma separação se torna visível, então é preciso lamentar e sofrer, então temos a sensação de haver perdido alguma coisa irrecuperável, uma fonte de imenso prazer – e o que resta é a saudade dessa coisa, a saudade, que faz com que procuremos de novo aquilo que perdemos. Se temos sorte, então essa nova forma de vida encontrada encerra ainda mais vida em si mesma. Mas não falemos ainda de encontrar; no conto, primeiro é preciso procurar. Uma primeira fase é descrita, na qual o pombo deixa cair a cada sétimo passo uma gota de sangue e uma pena branca. Na associação do vermelho e do branco também é indicado aonde este caminho leva: o aspecto terrestre, corpóreo e libidinal do amor é associado ao aspecto espiritual, místico e almejante.

Mas, em primeiro lugar, parece-me que no caso das gotas de sangue e das penas é manifestado o grande sofrimento que existe nesse afastamento: o relacionamento é mantido, quando o homem expressa seu sofrimento e com isto sinaliza à sua mulher onde está e que ele sofre. Ela pode receber esse sinal, assimilar seu sofrimento e segui-lo através disso.

Uma possibilidade de superar bem esse tipo de separação, de afastamento, também na parceria real, consiste em mostrar ao outro, da melhor maneira possível, que sofremos e onde estamos, e não procurar melhorar essa situação, para obrigar à concórdia e à união. Mas para isto é preciso de fato um parceiro que assim como a jovem mulher da história siga junto esse caminho de maneira imperturbável, e que então esteja lá, quando a transformação acontecer, quando o encantamento puder ser eliminado e também que esteja lá, quando a supressão do encantamento não der certo.

Um exemplo prático dessa temática na prática esclarecerá esta constelação:

***

Um casal, os dois por volta dos 30 anos, vem à terapia. Na verdade eles querem se separar. Mas de alguma forma eles simplesmente não podem acreditar que seu casamento não pode continuar, pois antigamente, eles dizem, eles eram muito unidos e tinham muito prazer na sexualidade e que se sentiam muito próximos um do outro, que era um sentimento de vida maravilhoso. Agora já não têm mais nenhum prazer, o sexo tinha se tornado uma ginástica melhorada. Eles tinham se afastado um do outro, cada um viveria por si mesmo e já não haveria mais nada dos grandes sentimentos. Ambos tinham grandes anseios, que eles começaram a jogar sobre outras pessoas – por isto seria melhor que eles dissolvessem o casamento. Eles tinham a sensação de que cada um desejava do outro alguma coisa que este não podia dar.

O que seria isto? Talvez a sensação que eles teriam tido anteriormente, quando eram sexualmente tão abordáveis, ou talvez até mesmo alguma coisa maior, como por exemplo a sensação de não vivenciar juntos apenas sexualmente mais do que sozinhos, mas sim também na relação como um todo? De alguma forma houve aqui uma dimensão a mais, mas esta evidentemente já não tem mais espaço dentro do relacionamento.

Enquanto os dois esclerecem sua situação, eu me lembro do conto de fadas da Cotoviazinha cantante e saltitante. Eu lhes desperto o interesse por sua esperança de que esta dimensão talvez ainda esteja presente, pois de outra forma eles não teriam procurado a terapia. Com essa pequena observação eu despertei neles a esperança, eles estão dispostos a procurar um ao outro novamente, e essa busca se afigura muito semelhante ao conto da cotoviazinha cantante e saltitante. A jovem esposa tivera um relacionamento com o pai muito próximo, muito acentuado fisicamente; ele fora muito ligado à mãe.

Uma primeira fase da terapia se modela de forma a que cada um aprenda a dizer ao outro o quanto ele sofre, o que o faz sofrer e como ele se sente interiormente. Com isto a mulher conseguiu deixar claro que os "voos altos" de seu marido, sua "elevação" da realidade, não só poderiam ser irritantes, como também poderiam ser estimulantes. Nesse caso ele é – como no conto – aquele que obviamente está mais enfeitiçado, ele tem visivelmente mais dificuldade em sua vida de se confrontar com a responsabilidade, com a realidade. Ele quer fazer algo de grande em sua vida, as coisas do dia a dia se tornam para ele totalmente desinteressantes, ele é um homem muito interessado, porém não tem a possibilidade de se interessar por alguma coisa durante muito tempo. A mulher, no entanto, se atira a essas possibilidades, principalmente depois que a sexualidade, que para ela também tinha de ser muito original e prazerosa, não foi mais vivenciada por seu marido como tão importante. Ela também o enquadra nessa "existência de pássaro", quando, por exemplo, não incentiva suas qualidades intelectuais ou a leveza, só vê nele suas formas neuróticas e o censura de não se tornar adulto.

A jovem mulher do conto, ao contrário dessa esposa, tinha o conhecimento do que essa história tratava: libertar o homem, e eu continuo a dizer que com isto também se libertar um pouco.

Assim que eu pude transmitir aos dois esse aspecto de que cada um poderia liberar no outro uma nova possibilidade de vida, de que a crise seria conveniente, porque realmente uma nova dimensão em sua vida deveria surgir, de que eles talvez pudessem se ajudar nisto, que eles estão prontos a não ver mais os "erros do outro", essa atual forma de vida, não somente como transtornante, mas sim como informações a respeito do caminho para a transformação. O distanciamento se transforma em uma verdadeira união.

***

Também no conto me parece que o caminho que os dois seguem juntos é um caminho de verdadeira união – agora eles estão pela primeira vez unidos um ao outro como parceiros de sofrimento.

Mas nem mesmo no conto a libertação ocorre facilmente: uma vez o pombo desapareceu repentinamente, pouco antes de ser libertado e, pela continuação da história, nós sabemos que o pombo desapareceu porque agora o momento da libertação chegou.

A separação agora é muito mais radical do que já fora antes. E nós sabemos que agora cada um se confronta do seu jeito com o problema. A jovem sabe – também aqui ainda autoconfiante –, que nesse momento os homens já não podem mais ajudar. Assim, ela vai até o sol, à lua e aos ventos para pedir orientação. Ela se volta para poderes superiores, cósmicos. Portanto, cada um dos parceiros se desenvolve para si mesmo e individualmente. A mulher permanece ligada à libertação do homem – ele já tem o suficiente a fazer em sua luta com o dragão. O sol lhe deu uma caixinha e nós sabemos, a partir do final da história, que lá dentro existe um vestido tão resplandecente quanto o próprio sol. Através do concentrar-se nas características do sol em si mesma e no ensolarado que existe na vida em geral ela recebe um vestido, um carisma que corresponde a esse ensolarado que existe nela.

Com o sol, trata-se obviamente do brilho, da irradiação, da luz e do calor, e também do aspecto do dominador. Certamente também existe uma associação com o símbolo do leão que também é um animal solar e um animal dominador. Este é um dos aspectos. O outro aspecto é o sol como o corpo celeste do dia – consideremos que primeiro os dois no estágio do leão só estavam acordados à noite. Agora a mulher pode ir até o astro do dia e depois ao astro da noite, a lua, que lhe dá um ovo, o ovo como símbolo da fertilidade, da potencialidade. Nós também sabemos que saiu do ovo uma galinha com pintinhos, todos de ouro – trata-se realmente de uma coisa maravilhosamente fértil. A lua provou sua relação com o culto da fertilidade em símbolos muito enigmáticos.

A concentração em seu aspecto-lua conduz a mulher à consciência vital de que uma possibilidade pode se transformar em uma atualidade, que a vida se modifica de maneira criativa – mas que também está sujeita a ritmos.

O vento como símbolo da inteligência, mas também como símbolo de energia interior, que é liberada pelas coisas contemplativas, "sabe" onde o homem está. Com o concentrar-se no que há nela desse simbolismo do vento, na fluência das energias para onde desejam ir – livres de qualquer intenção –, a mulher tem a visão que lhe mostra em qual situação seu marido se encontra.

Com esses três degraus, tão práticos como são em si mesmos, porque todos juntos também podem simbolizar aspectos essenciais da vivência e da vida humana – projetados no cosmos –, também é naturalmente demonstrado o quanto a mulher precisa ir imensuravelmente longe para descobrir onde seu marido se encontra. Este ainda continuar a ser ligada a ele, mesmo quando ela já há muito tempo não tem mais esperanças, essa objetividade sem rumo, que nunca o estabelece, mas que afinal objetiva encontrá-lo e libertá-lo como ela espera – tudo isto provoca realmente a libertação. É a expressão de um profundo amor humano que não está mais voltado para a rápida satisfação do desejo, mas antes para descobrir o grande mistério comum do amor.

A jovem mulher parece imensamente corajosa nesse conto; sem medo, ela faz o que é necessário, não dá atenção ao perigo, porque tem diante dos olhos o objetivo de encontrar seu marido.

O vento do sul pode lhe orientar afinal: o pombo branco voou para o Mar Vermelho, transformou-se de novo em um leão e luta com um dragão-serpente; mas o dragão-serpente é uma princesa encantada. Com a décima primeira vara a jovem mulher deve bater no dragão-serpente, então ele poderá vencê-lo. Por fim, eles devem voar com o Grifo sobre o mar – e do vento sul ela também recebe ainda uma noz da qual, então no meio do mar, nascerá uma árvore – a primeira árvore estava no meio da floresta...

Aqui é representado agora o conflito interior do homem: o leão luta com o dragão-serpente que corresponde ao dragão. O dragão é um monstro antigo que, embora proteja tesouros, também quer devorar tudo que aparece em seu caminho, principalmente as pessoas jovens. Nós poderíamos dizer que o jovem teve de se transformar mais uma vez em leão para lutar contra esse dragão, contra os aspectos-dragão que existem nele, que poderiam corresponder dentro dele a um lado destrutivo que quer devorar e impedir tudo que empurra para a vida. Assim como o leão é tido como um animal do sol, o dragão é tido como um animal das cavernas e pode corresponder a um aspecto do complexo da mãe, no qual a caverna se transforma em prisão, onde domina a inércia do não se desenvolver. A luta com o dragão pode ser resumida como a luta contra a eterna tendência da recaída, que se coloca contra um progresso nos passos do desenvolvimento e também contra um progresso no relacionamento. Enquanto esse dragão estiver lá, a natureza do leão também não pode ser descartada. Mas essa luta só pode ser ganha com o auxílio da mulher; certamente não apenas porque ela cortou a décima primeira vara do Mar Vermelho, mas também porque ela o acompanhou durante tanto tempo. O Mar Vermelho pode ser uma indicação de que o conto tem uma origem oriental, mas também pode ser resumido como um símbolo para o conjunto de todas as gotas vermelhas de sangue, e isto mostraria que agora o sofrimento foi "reunido" e que agora alguma coisa nova pode surgir.

Mesmo que o encantamento tenha se deixado desfazer com muita facilidade, e o leão tenha ganhado a luta, o perigo ainda não passou; agora o homem ainda foi raptado. É estranho, pois agora ele afinal teria de ter ganhado a luta! Ele se depara com uma mulher que se apodera dele, e parece não se sentir tão mal com isto. Se o dragão-serpente tem alguma coisa a ver com um complexo da mãe, então agora o homem encontrou uma mulher que se apodera dele no sentido de seu complexo de mãe que o atrai à regressão – mesmo que ele agora não seja exatamente levado para casa pelo dragão. A regressão acontece em um grau mais humano. E a pobre mulher "certa" tem de ver isto mais uma vez.

Nós temos aqui diante de nós a temática da noiva errada e esse episódio mostra claramente que o encantamento do homem ainda não foi totalmente desfeito. Apenas quando ele reconhece sua esposa, ele pode finalmente dizer que agora estava livre, que agora alguma coisa como um encantamento tinha sido retirado dele. Ele já não é mais um animal, nenhum leão e também nenhum pássaro, mas ele caiu por outra mulher, que se apodera dele, que não lhe permite ser autônomo. Ele vive em uma confusão de sentimentos, talvez em uma fascinação que o distancia de sua vida verdadeira.

***

O casal que eu mencionei antes procurou com muita esperança por uma nova dimensão comum, consciente, de que cada um precisaria trabalhar em si mesmo, o que significou, no caso da esposa, que ela questionasse aquilo que foi modelado pelo pai, e também suas ideias explícitas de como a vida e a parceria deveriam ser. No caso dele foi necessário trabalhar seu complexo da mãe, seu medo da continuidade, da responsabilidade.

Depois de muito tempo – com muitas recaídas – o homem se tornou mais ligado à realidade, pôde trabalhar, decidiu-se a levar até o fim coisas que ele antes apenas havia começado; ele se tornou bem-sucedido – e esqueceu sua esposa. Havia surgido uma nova dimensão na vida; ele se sentiu de repente vigoroso e competente, mas o relacionamento já não era mais importante para ele. O relacionamento não tivera para ele nenhum valor em si mesmo; havia sido para ele apenas uma consolação em sua vida inadequada. Como ele se tornara capaz de viver, ele acreditava que o relacionamento não era mais necessário. Porém a mulher lutou bastante pelo relacionamento – com sucesso.

***

No conto, a mulher também luta pelo relacionamento. Ela precisa usar tudo, todas as dádivas que ela recebeu em sua caminhada, tudo que ela desenvolveu na busca – e quando ela quase já não quer mais, ela persevera. Enquanto o vento soprar, ela quer continuar. Aqui se revelam uma relação quase sobre-humana e também uma enorme persistência. E sua persistência deu frutos: o marido se lembra dela, ela pode lhe contar sua história, ela pode lhe transmitir sua história comum e seus sentimentos de tristeza. Através de seu lamento, ele também encontrou seus sentimentos e pode deixar a outra princesa. Agora o pássaro Grifo – a propósito, uma mistura de leão e pássaro – os carrega para casa e no mar eles puderam descansar sobre a árvore que brotou da noz. Essa nogueira simboliza sua individuação mútua, seu caminho de se tornar si mesmo, o caminho para sair do encantamento. Seu filho, porém, havia crescido e era bonito e isto me parece ser muito importante. A criança foi gerada na fase do encantamento, mas mesmo assim cresce e é bonita: um motivo para não desvalorizar fases assim na vida de uma pessoa, mas sim de vê-las como preciosas, como fases, que fazem parte dessa vida e que agora, quando o momento chegou, têm de ser substituídas por aquilo que é necessário.

***

Os contos de fadas que estão reunidos neste livro mostram diferentes caminhos que conduzem a um relacionamento satisfatório – e esses caminhos sempre estão associados a muito esforço, mas também a felizes acasos inesperados. Nos momentos de necessidade o socorro sempre chega para os heróis e as heroínas dos contos de fadas.

Referências

KAST, V. (1982). *Wege aus Angst und Symbiose – Märchen psychologische gedeutet.* Walter.

KAST, V. (1983). *Mann und Frau im Märchen – Eine psychologische Deutung.* Walter.

KAST, V. (1984). *Familienkonflikt im Märchen – Eine psychologische Deutung.* Walter.

KAST, V. (1985). *Wege zur Autonomie – Märchen psychologische gedeutet.* Walter.

KAST, V. (1992). *Liebe im Märchen.* Walter.